大阪の地下鉄

大阪市営地下鉄・Osaka Metroの90年を紐解く

大研究

岸田法眼
Hougan Kishida

天夢人
Temjin

CONTENTS

第**3**章 ▶ Osaka Metroを走る 現役車両と保存車両

第**4**章 ▶ 大阪の地下鉄トリビア集

Osaka Metro 全線路線図

第1章

大阪の地下鉄
90年間のハイライト

御堂筋線が開業して90年。紆余曲折の歴史は、
鉄道網の整備を進めつつ、難関を果敢に挑み進化を遂げてきた。
その中でエポックメイキング的な出来事を取り上げる。

Osaka Metro
Daikenkyu　1-1

1933年5月20日（土曜日）、大阪市営地下鉄が開業

開業時の心斎橋駅（提供：大阪市高速電気軌道）。

開業から2年後、梅田本駅が開業した（提供：大阪市高速電気軌道）。

≫ 大阪市営地下鉄開幕戦 ≪

　我が国では1927年12月30日（金曜日）開業の東京地下鉄道上野—浅草間（現・東京メトロ銀座線）に続く2番目、公営（当時、大阪市電気局）では初の地下鉄として、1933年5月20日（土曜日）に大阪市高速電気軌道第1号線、現在は「御堂筋線」という名でおなじみの梅田—心斎橋間3.1キロ（現在は3.2キロ）が開業した。この日は開業を祝すかの如く、"「P－KAN」という名の日本晴れ"だ。

　当時、梅田は用地買収に時間を要したこと、鉄道省大阪駅（現・JR西日本大阪駅）の高架化工事に伴い、100メートル南側の仮駅で営業を開始する展開となったが、それでも当時としては"斬新"な地下鉄に乗ろうと多くの大阪市民らが駆けつけた。

　駅舎は縦書きで「地」「下」「鉄」「の」「り」「ば」（その後、のりばは「梅」「田」「駅」に変更）という大きな看板を掲げて目立たせ、その上には長年にわたり親しまれてゆく円の「マル」とカタカナの「コ」を組み合わせた「マルコ」という通称で親しまれる高速電気軌道標識がポツンとそびえたつ。マ

ルは大阪の頭文字もしくは大阪市域、コは高速鉄道の頭文字もしくは路線が
大阪市域外まで延びることを期待していたという説がある。

　13時30分頃、隣の淀屋橋では鳩山一郎文部科学大臣、關一大阪市長などの
来賓を乗せた祝賀列車が発車。心斎橋で折り返したあと、梅田に向かった。
鳩山文部科学大臣は東京地下鉄道に乗ったことがなく、初めて乗る地下鉄に
感心しきりだったという。

　一般の人々が乗れる15時が近づいてきた。

　梅田駅に入り、地下の改札口へ。東京地下鉄道に倣ったターンスタイルの
自動改札である。開業時の運賃は10銭均一で、その硬貨を投入すれば通れる。

　いよいよホームへ。上り線にホームを設け、下り線の線路を使用する1面1
線の単線。天井は低く、ホームの外側付近に鉄骨の柱が立つという構造である。

　高速電気軌道第1号線の下り1番列車は梅田を15時に発車。当時、梅田―心
斎橋間の所要時間は5分30秒のところ、超満員のため、12分もかかったという。

　一方、当時の終点心斎橋も多くの人々でにぎわっていた。地上では開業記
念のアーチらしき建造物に「通開鐵下地」の看板が掲げられている。当時、
日本語の横書きは大正以前から続く「右から左へ」、現在の「左から右へ」
がどちらも使われており、過渡期といえる状況であったものと思われる。実
際、当時の雑誌も題字は前者、見どころや版元名は後者に使い分けていた。
また、新聞記事も今となっては時間をかけて〝解読〟しなければならないほ
ど読みにくい。

　この日は列車の営業運転が終了する23時までに6万5000人が詰めかけ、関
心の高さを表していた。

▶▶ 大正時代に計画 ◀◀

　大阪市で〝新しい鉄道を建設しよう〟という機運が高まったのは大正時代
の1919年、「都市計画に対する報告」で高速鉄道の必要性が述べられたこと
から始まる。1920年2月に高速鉄道網の調査を帝国鉄道協会及び土木学会に
委嘱したところ、1924年10月に報告書が提出された。

　1925年10月20日（火曜日）、大阪市高速度交通機関協議会で、1号線榎坂（現・
江坂）―我孫子間19.96キロ、2号線森小路（現・関目高殿）―天王寺間13.70キ

ロ、3号線大国町—玉出間3.72キロ、4号線大阪港—平野（現在の平野駅北
側付近）間17.10キロ、合計54.48キロの路線計画を決定。1926年3月29日（月
曜日）、都市計画法による高速度交通機関の4路線がすべて認可された。

　軌間については、走行時の安定性が高いこと、在阪私鉄で採用例が多い標
準軌（1435ミリ）に決定した。

　その後、様々な過程の末、1930年から第1期事業として、1号線南方—我
孫子間の建設に着手し、のちに"大阪の大動脈"として不動の地位を築く。

地下鉄ながら路面電車と同じ軌道法を適用

　先に開業した東京地下鉄道は、鉄道省（現・国土交通省）が監督権を保有す
る地方鉄道法（現・鉄道事業法）として建設された。

　一方、大阪市電気局は都市計画道路の直下に地下鉄を建設するという、整
備の一体化により、路面電車と同じ軌道法が適用された。鉄道省と内務省（廃
止後は建設省〔現・国土交通省〕に変わる）が監督権を保有する。大阪市電
気局が管轄する公営の大阪市電気軌道（路面電車）も、路線網の拡大と幹線道
路の整備を一体化して行なわれており、それに倣ったのだ。

　大阪市は「高速＝地下鉄」と位置づけた。つまり、大阪市電気軌道（路面
電車）の発展形が「大阪市高速電気軌道（大阪市営地下鉄）」と言えよう。地
下鉄の運行現場は、長年「高速運輸部」と称しており、運転士も「高速運転
士」という名称だった。

　なお、軌道法は「特別の理由がある場合を除いて道路上に敷設すること」
が原則である。大阪市営地下鉄は大半の区間が道路下なので「特別の理由」
にあたりそうだ。また、御堂筋線あびこ—なかもず間など、整備済みの道路
下に新線を建設する場合も軌道法が適用された。

開業日の伝統

　梅田—心斎橋間の開業を機に長い時間をかけて大阪の地下鉄網が整備され
たほか、開業日の前半（おもに午前）に式典、後半（午後の昼下がり）から営業
開始という流れを確立した。2006年12月24日（日曜日）に開業した今里筋線に
も踏襲されている。

保安装置は
打子式ATSからATCに

打子式ATSとは

　東京地下鉄道は全線にわたり地下トンネルを走行することから、安全には最大限かつ細心の注意を払った。そのひとつが打子式ATS（Automatic Train Stop device：自動列車停止装置）の採用だ。当時、ATS自体も日本初採用という画期的なものだった。

　打子式ATSというのは信号機付近の線路上に打子を設置し、停止信号が現示された際に起立して列車の進入を止めるもの。車両の台車のトリップコ

信号機から信号機までのあいだを「閉塞」と言い、列車は1本のみ入れる。写真の御堂筋線新大阪ー西中島南方間はわずか700メートルながら、駅間の3灯式信号機が3つある。

ックが打子に当たるとブレーキ管から空気が吐き出され、非常ブレーキがかかる。

　大阪市電気局は御堂筋線を開業する際、保安装置として打子式ATSを導入。以降、四つ橋線、中央線にも波及した。

ATCの導入

　1961年３月28日（火曜日）に営団地下鉄（現・東京メトロ）日比谷線が開業すると、打子式ATSに代わる新たな保安装置としてWS－ATC（Wayside Signal Automatic Train Control：地上信号機式の自動列車制御装置）を初めて導入した。列車の走行中、連続して速度チェックを行なうもので、運転士がブレーキ操作を誤ると非常ブレーキが作動する。さらに1962年４月16日（月曜日）からATO（Automatic Train Operation：自動列車運転装置）試験が行なわれた。

　1964年10月１日（木曜日）開業の国鉄東海道新幹線ではCS－ATC（Cab Signal Automatic Train Control：車内信号機式の自動列車制御装置）を導入。運転台に信号機が設置され、制限速度が表示される。制限速度が走行中の速度より低く変わると自動的にブレーキがかかり減速し、停止信号になると自動的に停止する。

　大阪市交通局も1967年３月24日（金曜日）開業の谷町線からWS－ATCを導入した。セミステンレス車両の7000形、8000形（のちの30系）は車掌室側にATC機器を搭載したことから前面のフロントガラスが小さくなった。

　併せてCTC（Centralized Traffic Control：列車集中制御装置）も導入。分岐器や信号機の切り替えを各駅から、指令所の一括管理に変更され、駅業務の負担が軽減された。

　その後、当時の全路線でATC（千日前線のみCS－ATC）とCTCの導入を進め、1972年11月９日（木曜日）に完了した。

　これに伴い30系の増備を進めたほか、50系など一部の鋼製車は機器搭載のため、車掌室側のフロントガラスを狭める改造が行なわれた。また、当時、四つ橋線の車両は御堂筋線の我孫子検車場に所属していたことから、御堂筋線大国町―あびこ間はWS－ATCと打子式ATSが併設された。

　ちなみに打子式ATSは名古屋交通局（名古屋市営地下鉄）東山線が最後となり、2004年３月27日（土曜日）からCS−ATCに切り替えた。現在、WS−ATCはOsaka Metro ５路線、北大阪急行電鉄、近畿日本鉄道（以下、近鉄）けいはんな線、東葉高速鉄道で使用されている。

ＡＴＯやＴＡＳＣの導入も

　1967年１月16日（月曜日）、地下鉄列車自動運転装置委員会が発足し、ATOの実用化に取り組んだ。実車による試運転は新鋭谷町線の7000形＋8000形に決まり、10月から1968年２月まで、谷町線東梅田及び、上り谷町四丁目—南森町間で実施された。

　その後、千日前線所属の50系もATO機器搭載の改造を受け、1969年10月から1970年３月まで千日前線谷町九丁目—新深江間で性能試験、３月から９月まで千日前線野田阪神—新深江間で実用化試験を実施。このときは車上式ATOで試運転されたが、停止位置の精度など課題を残した。

　1971年11月22日（月曜日）から1974年７月までは千日前線下り今里—新深江間にウィーグリーワイヤーを敷設し、地上式ATOで試運転を実施した。

　1978年３月にATOの試験や調査を終了。その成果は新交通システムのニュートラム、長堀鶴見緑地線に活かした。

　2006年12月24日（日曜日）に開業した今里筋線では、ATOの代わりにTASC（Train Automatic Stopping Controller：定位置停止支援装置）を導入した。車上装置を設置することで、停止位置の手前から自動的にブレーキがかかり、停車する仕組み。

大阪市電フォーエヴァー

公営初、路面電車の建設に乗り出す

　大阪市営による鉄道の始まりは、大阪市工務課が取り組んだ「大阪市電気軌道」と称する路面電車である。

　その前身と言えるのは大阪巡航合資会社が設立した巡航船で、1903年2月に大阪市は報償契約を締結した。

　2か月後の3月7日（土曜日）、巡航船の運航を開始。第5回内国勧業博覧会が天王寺公園で開催されることから、観客のアクセス輸送を担う。人力車に比べ、1度に大量輸送ができることから好評を博す一方、それまでの交通手段だった人力車の需要が低下した。逆恨みをした車夫が巡航船を襲撃する事件が相次いだという。

　3か月後の6月、大阪市工務課は大阪市内の新たな交通手段として、路面電車の建設に着手。第1期線はわずか2か月で工事を終え、9月12日（土曜日）に築港線として花園町—築港桟橋間4.989キロ（営業キロ）を開業した。しかも我が国初の「公営による電車の運転開始」という快挙である。当時、同区間を26分かけて結んだ。のちに「大阪市電」と親しまれる。

　その後、第2〜4期線、期外線など1908年8月1日（土曜日）から1957年4月1日（月曜日）まで60路線が開業。1944年には阪堺電鉄を買収統合し、110キロ超の広大な路線網を築く。これにより人力車や巡航船は消滅した。

　1923年10月1日（月曜日）に大阪電燈を買収して、電力事業を市営化。併せて「大阪市電気局」に改称すると、1927年2月26日（土曜日）より市バス（現・大阪シティバス。Osaka Metroの子会社）の第1号路線として、阿倍野橋—平野間が開業。当初は〝大阪市電の補助〟という役割を担っていた。

広島電鉄に移籍した1600形10両、1650形４両、1800形８両は「750形」、写真の2601形14両は「900形」として再出発。カラーリングは大阪市電時代のまま。

<blockquote>

》》 モータリゼーションの波に飲まれ全廃 《《

</blockquote>

　大阪市電は第２次世界大戦（太平洋戦争）中の1944年12月から1945年３月にかけて、不要不急路線とみなされた一部区間で軌道が撤去された以外は健在だったが、1960年代に入ると衰退してゆく。

　その先鞭となったのは1960年８月１日（月曜日）、中央線の建設に伴い港車庫前—大阪港—三条通四間が休止されたことによる。以降、大阪市営地下鉄の建設工事などを理由に路線網が縮小されてゆく。

　わずか２か月後の10月６日（木曜日）、９時頃から19時頃まで大阪駅付近で大渋滞が発生した。大阪市電は機能が完全にマヒし、大阪駅前—淀屋橋間がなんと40分以上もかかったという。自動車が普及し、さらに路線バスやタクシーが大阪市電を脅かす存在となったのだ。この年は１日95万人超が大阪市電を利用していたが、モータリゼーションの影響で利用客の右肩下がりに歯止めがかからず、赤字も６億円に達してしまう。

　1966年３月29日（火曜日）、大阪市会は交通渋滞の元凶とされてしまった大

阪市電の全廃を決定。1969年3月31日（月曜日）でラストラン、4月1日（火曜日）付で廃止されることになった。最後まで残ったのは今里車庫前—玉船橋間、阪急東口—守口間だった。

　全廃前から全廃後にかけて、一部の車両は南海電気鉄道（以下、南海）、神戸市交通局、広島電鉄、長崎電気軌道、熊本市交通局、鹿児島市交通局に移籍。また、学校や企業などに譲渡（有償もしくは無償）された車両も存在する。

≫ トロリーバスも運営していた ≪

　大阪市営の鉄道事業として、トロリーバスも存在した。

　1945年9月11日（火曜日）、大阪市電気局から大阪市交通局に改称されると、市電よりローコストで、振動と騒音が少なく、燃料に依存しないトロリーバスの導入に取り組む。見た目は"ポール（集電装置）つきのバス"ながら、「無軌条電車」というれっきとした鉄道である。

　1953年9月1日（火曜日）、第1号線大阪駅前—神崎橋間が開業。その後も第2〜5号線の開業で路線網を拡大し、今里—四つ橋—玉船橋間、阿部野橋—玉造間は大阪市電の代替とした。当初は車掌乗務だったが、1967・1968年度にワンマン化改造が行なわれた。

　しかし、自動車運輸の路線バスと異なり、道路は決まった道しか走れず、車線変更できない難点があった。こちらもモータリゼーションの波に飲まれ、利用客も減少。さらに車両や架線などの設備更新が迫られていたこともあり、1969年1月23日（木曜日）に全廃を公表。大阪市電と同様、路線網は徐々に縮小された。

　最後まで残ったのは守口車庫前—杭全町間で、1970年6月14日（日曜日）でラストラン、6月15日（月曜日）付で全廃された。

　ちなみにトロリーバスの車両は、今や東武鉄道でおなじみの「型」が用いられ、1953年に1型が登場し、1955年に「100型」に改番。1956年には輸送力増強用として走行装置が異なる200型、300型が登場した。

　参考までに現存する日本のトロリーバスは、立山黒部貫光の無軌条電車線（立山トンネルトロリーバス）が唯一の存在だ。今や電気バスが実用化の域に達したことから今後の去就が注目される。

路線愛称と
ラインカラーの制定

>> 日本初の路線愛称 <<

　大阪市交通局は大阪市営地下鉄開業時から「x号線」と案内していたが、1970年３月15日（日曜日）から９月13日（日曜日）まで、大阪府吹田市の千里丘陵で日本万国博覧会が開催されることになった。大阪市営地下鉄自体も都心部の６路線が完成間近になったこともあり、1969年10月に各号線の路線愛称とラインカラーを発表し、12月６日（土曜日）から施行されることになった。

　この当時、ラインカラーは国電（国鉄首都圏や関西圏の通勤電車路線）でおなじみ、路線愛称は日本の鉄道史上初の事例となった。運輸省（現・国土交通省）に届出書を出さなくてもいいので、命名や変更が容易にできる。すなわち"承認率100％"なのだ。

　それでは地下鉄８路線の路線愛称とラインカラー、新交通システムのニュートラムのラインカラーを御案内しよう。

　なお、ラインカラーの由来については、『大阪人』2012年１月号（大阪市都市工学情報センター刊）の石本隆一氏（元大阪市職員）の執筆記事、石本氏の著書『大阪の地下鉄』（産調出版刊）に基づく。

駅構内の案内表示は、2014年度の本町駅を皮切りに順次更新が進められている。駅名標も合理的なデザインに。

● 大阪市高速電気軌道第１号線：御堂筋線

　路線愛称は公道の御堂筋による。大阪市の主要道路は南北方向を「筋」、東西方向を「通」とするのが慣例である。

　意外なことに、「御堂筋線」という名は1930年４月15日（火曜日）に市バスの路線名として淀屋橋―本町四丁目間が開業した歴史があり、鉄道の看板路線に昇

華した恰好となった。ラインカラーはクリムソンレッドで、「大阪の動脈」を表す。

　実は御堂筋線が開業した朝日新聞1933年5月20日（土曜日）夕刊では「大大（だい）阪の地下に脈うつ新生の血管」という大見出しがあり、まさに彗眼（けいがん）といえよう。その名の通り、関西きってのドル箱路線として輝きを放つ。

●大阪市高速電気軌道第2号線：谷町線

　路線愛称は公道の谷町筋による。かつては大阪市電の路線名（谷町線谷町六丁目―天満橋南詰間）で用いられており、事実上の復活を遂げた。ラインカラーはロイヤルパープルで、「最高位の僧侶が身にまとう袈裟（けさ）」を表す。

●大阪市高速電気軌道第3号線：四つ橋線

　路線愛称は公道の四つ橋筋による。路線愛称が「四つ橋」、駅名が「四ツ橋」と異なる点については第4章を御参照いただきたい。ラインカラーはビクトリアブルーで、「御堂筋線より海側を走る」を表す。

●大阪市高速電気軌道第4号線：中央線

　路線愛称は公道の中央大通による。2025年4月13日（日曜日）から10月13日（月曜日・スポーツの日）まで開催予定の2025年日本国際博覧会（通称、大阪・関西万博）では、中央線がまさに"大通り"と化す。ラインカラーはスペクトリウムグリーンで「大阪城公園の緑」を表す。ちなみに森之宮検車場の車庫は、JR西日本大阪環状線の大阪城公園駅にほぼ隣接しており、まさに"名は体を表す"。

●大阪市高速電気軌道第5号線：千日前線

　路線愛称は公道の千日前通による。ラインカラーはチェリーローズで、「千日前にピンク系の店が多い」を表す。ただ、読者への刺激が強過ぎるのか、『大阪の地下鉄』では「ミナミ（なんば界隈の街を指す。ちなみにキタは梅田界隈の街を指す）の繁華街、千日前のネオン」、別の雑誌では「千日前のネオン」として紹介した。

●大阪市高速電気軌道第6号線：堺筋線

　路線愛称は公道の堺筋による。かつては大阪市電の路線名（堺筋線大江橋南詰―日本橋筋三丁目間）で用いられており、事実上の復活を遂げた。ラインカラーはビビッドブラウンで、「相互直通運転をする阪急電鉄の電車と同じ色」を表す。ちなみに阪急電鉄の車両カラーはマルーンである。

●大阪市高速電気軌道第7号線：長堀鶴見緑地線

　路線愛称は公道の長堀通と駅名の鶴見緑地を組み合わせた。1990年3月20

日（火曜日）の開業時は「鶴見緑地線」だったが、1996年12月11日（水曜日）の心斎橋—京橋間の延伸開業を機に「長堀鶴見緑地線」に改称した。路線愛称の改称は日本の鉄道史上初である。ラインカラーは萌黄色で、「鶴見緑地の芝生の色などの緑」を表す。

● 大阪市高速電気軌道第8号線：今里筋線

　路線愛称は公道の今里筋による。ラインカラーはゴールデンオレンジで、「他路線とも識別しやすく暖かい」を表す。

● 大阪市中量軌道南港ポートタウン線：南港ポートタウン線

　正式な路線名は大阪市中量軌道南港ポートタウン線で、『鉄道要覧』（国土交通省鉄道局監修。電気車研究会・鉄道図書刊行会刊）は「南港ポートタウン線」と表記している。「ニュートラム」は新交通システムの愛称で、公募により1978年7月15日（土曜日）に決定した。ラインカラーはセルリアンブルーで、「四つ橋線につながる海・空のブルー」を表す。

路線愛称と電車系統名称

　路線愛称の設定は同業他社に大きな影響を与えた。

　1987年4月1日（水曜日）の国鉄分割民営化後は地域密着の一環として、路線愛称が急増した。特にJR西日本はアーバンネットワークの多くの路線に用いられている。私鉄では、埼玉高速鉄道が「彩の国スタジアム線」から「埼玉スタジアム線」に変更された。なお、JR東日本首都圏の京浜東北線、埼京線、湘南新宿ライン、上野東京ラインは路線愛称ではなく、電車系統名称である。

　京浜東北線を例にあげると、鉄道院時代の1914年12月18日（金曜日）、東海道本線品川—横浜間が複々線化され、線路は長距離列車用の快速線、各駅停車用の緩行線に分けられた。すでに複々線化されていた東京—品川間とともに緩行線を「京浜線」と称することになり、2日後の12月20日（日曜日）に営業運転を開始した。その後、1925年11月1日（日曜日）から北へ線路が延び、1932年9月1日（木曜日）には東北本線区間の大宮に達したことで、鉄道省は現在の「京浜東北線」に名を改めている。

初の相互直通運転を
堺筋線と京阪神急行電鉄で開始

御堂筋線の混雑緩和策として堺筋線が浮上

　1963年3月29日（金曜日）の都市交通審議会答申第7号で、御堂筋線の混雑緩和対策の一環として、四つ橋線大国町—西梅田間の延伸、南海天下茶屋（てんがちゃや）—京阪神急行電鉄（現・阪急電鉄。以下、阪急）天神橋間の新設が提言された。すでに南海は1972年9月に堺筋線の建設を出願、阪急も天神橋—天満間の路線免許を持っていた。

　この答申を受け、大阪市交通局も大阪市交通事業基本計画として、堺筋線を追加することになり、南海と阪急を交え、建設計画や直通運転に関する協

堺筋線南森町に到着する阪急7300系。現在は大開口ホームドアが設置された。

議が進められた。

　最大の難関は軌間で、大阪市交通局の地下鉄、阪急は標準軌に対し、南海は狭軌（1067ミリ）である。当初は3線軌道なども検討されたが、大阪陸運局長に調整を依頼したところ、1965年8月に標準軌の裁定を下す。これにより、南海は堺筋線の申請を取り下げ。大阪市交通局と阪急はさらに協議を続け、1967年3月22日（水曜日）に基本協定を締結した。

≫ 万国博アクセス、通勤、行楽の足へ ≪

　堺筋線は1969年12月6日（土曜日）に天神橋筋六丁目—動物園前間が開業。併せて阪急の天神橋駅は天神橋筋六丁目に移転改称することで相互直通運転が実現し、阪急沿線から梅田以外の大阪市中心部へダイレクトで結んだ。

　阪急側の相互直通運転区間は千里線全線及び、京都本線淡路—高槻市間で、全列車各駅停車のみの運転だった。1970年3月15日（日曜日）から9月13日（日曜日）まで開催された日本万国博覧会では、千里線南千里—北千里間に万国博西口という臨時駅を設置し、アクセス輸送を担う。これに伴い、動物園前—北千里間に臨時準急が運転された。

　一方、京都本線側は1979年3月4日（日曜日）からラッシュ時の河原町（現・京都河原町）—動物園前間に「堺筋急行」と称する急行の運転を開始。阪急車による運転で、堺筋線内は各駅に停車した。現在は準急に変更されている。

　堺筋線の車両は長らく大阪府内にとどまっていたが、相互直通運転開始から40周年を迎えた2009年12月5・6日（土・日曜日）、66系が初めて京都府に足を踏み入れ、天下茶屋—嵐山間に臨時列車を運転。嵐山線ホーム有効長の関係で2両減車した6両編成で運転され、京都観光輸送に一役買った。

京都本線高槻市を発車した66系の始発列車。

御堂筋線と北大阪急行電鉄との相互直通運転を開始

波瀾万丈の万国博アクセス鉄道

　1965年9月14日（火曜日）、日本万国博覧会が大阪府吹田市の千里丘陵で開催されることが決定した。当時、御堂筋線は新大阪まで延伸されており、日本万国博覧会協会は大阪市に会場への延伸を熱望した。

　しかし、大阪市は1966年8月27日（土曜日）に「巨額の赤字が予想される」ことを理由にノーを示す。その後、鉄道アクセスについては政府の関係閣僚が直接乗り出すという異例の展開に。協議の末、1967年6月28日（水曜日）に御堂筋線新大阪―江坂間の延伸、江坂から先は阪急の子会社による建設及び、

10系は御堂筋線だけではなく、北大阪急行電鉄をもっとも長く走行した車両でもある。

相互直通運転が決まった。

　1か月後の7月25日（火曜日）、阪急の社長と副社長、大阪府知事、関西電力社長、住友・三和・大和の各銀行頭取が設立発起人となった江坂以北の鉄道事業名が「北大阪急行電鉄」（以下、北急）に決まった。3日後の7月28日（金曜日）、地方鉄道敷設免

会場線廃止後、街と交通網が整備された。

許申請書を大阪陸運局経由で運輸大臣に提出。当初から会場線は万国博覧会終了と共に廃止を決めていた。

　1970年2月24日（火曜日）、御堂筋線新大阪—江坂間の延伸、北急の南北線江坂—千里中央間、会場線千里中央—万国博中央口間が一挙に開業し、相互直通運転を開始した。また、大阪市交通局は50系の5018を貴賓車に整備した。床にカーペットを敷き、1人掛けソファーを5脚用意して、来たるときに備えたが出番はなかった。

終電後に臨時列車を急きょ設定するほどの大盛況

　北急は「万国博急行」、「エキスポ急行」と呼ばれ、車掌は肉声で日本語と英語の2か国語放送を行なった。

　日本万国博覧会は当初3000万人の入場者を見込み、その後、5000万人に上方修正されるほど大盛況。その数字も8月19日（水曜日）に達成し、入場者数はますますヒートアップしてゆく。

　会期終盤の9月5日（土曜日）、1日の入場者数が80万人を突破。万国博中央口23時36分発の終電に全員乗り切れず、ホームや駅近辺に約10万人、会場内に約5万人がおり、ここで一夜を明かす人が続出した。

　北急と大阪市交通局は急きょ1時20分発の臨時列車あびこ行きを運転して対応したが、乗車できたのはほんのひと握りであったものと思われる。

　9月13日（日曜日）に閉幕し、総入場者数は上方修正を大きく上回る6421万8770人。このうち御堂筋線と北急ルートの利用者数は3987万人を記録した。

9月14日（月曜日）をもって会場線が予定通り廃止され、跡地は中国自動車道に転用。千里中央も地上の仮駅から地下の本駅に移転した。
　会場線廃止から20年後の1990年6月1日（金曜日）、大阪高速鉄道（現・大阪モノレール）が開業。「大阪モノレール線千里中央—万博記念公園間」として、鉄道が復活した。また、1998年10月1日（木曜日）に開業した国際公園都市モノレール線万博記念公園—公園東口間の一部は、日本万国博覧会の会場内を循環したモノレールの廃線跡に建設された。

国鉄も万博アクセス輸送を担う

　最後に万博アクセスは御堂筋線と北急ルート、堺筋線と阪急ルートのほか、国鉄とバスのルートも存在した。

大阪モノレールの車窓から太陽の塔を眺める。

万博記念公園駅は万国博中央口駅跡地付近に建つ。

　国鉄は最寄り駅となる東海道本線茨木に快速を臨時停車させ、万国博覧会東ゲートに向かうバスに乗り継ぐというもの。アクセス輸送に際し、茨木駅にバスターミナルを整備するなどの改良工事、東海道本線草津—京都間の複々線化により、快速の"走行車線"を列車線から電車線に移行。当時、長距離列車が多数存在した列車線の容量緩和を図った。
　なお、日本万国博覧会終了から半月後、10月1日（木曜日）のダイヤ改正で快速の茨木停車が定期化され、利便性の向上を図った。

1975年5月8日(木曜日)、車両のラインカラー表示開始

ラインカラーは設定していたが……

　1969年12月6日(土曜日)から各号線の路線愛称とラインカラーが施行されるも、車両のカラーリングについては実情に合っていなかった。

　当時、鋼製車の上半分はアイボリー、下半分はオレンジのツートンカラー。アルミ車、ステンレス車は原則無塗装で、60系のみ前面のフロントガラス下を紅色に着色していた。

　大阪市交通局は乗客案内の向上を図るため、1975年5月8日(木曜日)から

車体側面にラインカラーの帯を貼付し、高速電気軌道標識を添えることで、無味乾燥のないエクステリアに。写真の10系は先頭車前面に白帯を添え、洗練されたデザインに仕上がった。

車両のカラーリングはラインカラーを入れたものに順次変更した。その規定は下記の通り。

　①塗装が必要な鋼製車については、ツートンカラーからアッシュグリーンに変更。

　②前照灯（前部標識灯）が上部にある車両は、腰板部にラインカラーを着色する。

　③前照灯が下部にある車両は、貫通扉にラインカラーを着色する。

　④乗降用ドア間に限り、腰部に450ミリ幅のラインカラーのビニールフィルムを貼付。その中央に高速電気軌道標識を添える。

若干の追加も

　その後、初代20系を御堂筋線用に転用改造した10系試作車が登場すると、フロントガラスの下に白帯を追加し、アクセントカラーとしての役割を担う。

　地上区間が長い御堂筋線と中央線は保守作業中の事故防止のため、30系は灯具の周囲にラインカラーのパネルを追加、50系は貫通扉の周囲とフロントガラス下もラインカラーを追加した。のちに地上区間でも前照灯が終日点灯された。

　このスタイルは"昭和の大阪市営地下鉄"を象徴するシーンのひとつとして、歴史の1ページを彩ってゆく。

　平成に入ると、カラーリングの基準が大きく変化。"昭和のラインカラーリング"は10系第4編成が最後となり、2011年3月31日（木曜日）に廃車された。

1986年10月1日（水曜日）、
中央線と近鉄の相互直通運転を開始

近鉄全額出資の東大阪生駒電鉄を設立

　1971年12月、都市交通審議会は答申第13号にて「京都府、大阪府、奈良県の府県境を中心とした地域の開発に伴い、近鉄奈良線による輸送が早期にいき詰まると予想されるので、大阪市深江橋から東大阪市荒本を経て、奈良県生駒市に至る路線の新設を緊急に実施すべきである」と述べた。

　これを受け、大阪市交通局は中央線深江橋—長田間の延伸、近鉄は東大阪線長田—生駒間を建設し、相互直通運転する方向でまとまった。

　中央線は軌道法、東大阪線の長田—鉄軌分界点（生駒トンネルの大阪側）間は軌道法、鉄軌分界点—生駒間は地方鉄道法で建設することになり、地方鉄道法の免許、軌道法の特許を受けた。

　なお、近鉄は1977年9月に全額出資の子会社、東大阪生駒電鉄を設立し、12月23日（金曜日）付で、免許と特許を譲渡した。

近鉄に合併して開業後、火災事故が発生

　1984年、VVVFインバータ制御の大阪市交通局2代目20系、東大阪生駒電鉄7000系が相次いで登場し、相互直通運転に向けた準備が進められてゆく。

　当初、双方とも開業と同時に相互直通運転を行なう計画だったが、東大阪線の吉田と新石切の付近で、広範囲にわたり埋蔵文化財が発見された。その調査に時間を費やしたため、中央線深江橋—長田間は1985年4月5日（金曜日）に先行開業した。

　東大阪線は1986年4月1日（火曜日）、近鉄に吸収合併したのち、10月1日（水曜日）に開業。中央線との相互直通運転がスタートした。併せて近鉄は磁

中央線大阪港に到着する近鉄7020系。相互直通運転開始当初はここで折り返していた。その後、大阪港トランスポートシステム（後述）の開業により、第3軌条初の3社直通運転に。

気式プリペイドカード「パールカード」の販売を開始した（現在は終了）。また、我が国の第3軌条路線では、国鉄信越本線（現・JR東日本信越本線）横川—軽井沢間の旧線（当時、アプト式）が1963年9月30日（月曜日）に運行を終えて以来、2例目の県境越え、山岳トンネル越えとなった。

　奈良—大阪間の新ルート開業から1年たった1987年9月21日（月曜日）16時20分頃、生駒トンネル内の高圧送配電設備付近で火災事故が発生。大阪港発生駒行きの列車が火災地点を通過後、送電がストップし、立往生してしまう。乗務員2人、乗客53人は車外に出て脱出するも、乗客1人死亡の惨事となってしまった。

東大阪線からけいはんな線へ

　その後、東大阪線の延伸となる京阪奈新線生駒—登美ヶ丘（仮称。現・学研奈良登美ヶ丘）間が奈良生駒高速鉄道の建設主体により整備され、2005年1月31日（月曜日）に運行主体の近鉄は路線名を「けいはんな線」にすること

を発表。併せて駅名も発表された。

　ただ、近鉄は第3軌条として線路がつながっているのに、中央線、東大阪線、けいはんな線の3路線にすると、乗客から「遠い」という印象を持たれる懸念があった。

　この印象を払拭するため、東大阪線長田—

けいはんな線学研奈良登美ヶ丘を発車した2代目20系。長田—学研奈良登美ヶ丘間の平均駅間距離は2.6キロ。

生駒間、けいはんな線生駒—学研奈良登美ヶ丘間を「けいはんな線」に統一することになった。監督官庁には事前に報告していたこともあり、東大阪線の路線名変更に関する申請と承認がスムーズに進んだ。

　けいはんな線は2006年3月27日（月曜日）に開業。長田—生駒間は近鉄の管轄（鉄軌分界点—生駒間は第1種鉄道事業者）、生駒—学研奈良登美ヶ丘間は近鉄が第2種鉄道事業者、奈良生駒高速鉄道が第3種鉄道事業者となった。併せてコスモスクエア—長田—学研奈良登美ヶ丘間は「ゆめはんな」という電車系統名称の使用を開始した。

参考　鉄道事業法の種類

●第1種鉄道事業者

　自社が鉄道線路を敷設し、列車の運行を行なうこと。

●第2種鉄道事業者

　第1・3種鉄道事業者が敷設した線路を使用して運送を行なうこと。

●第3種鉄道事業者

　自社が鉄道線路を敷設し、第1種鉄道事業者に譲渡、もしくは第2種鉄道事業者に使用させることができる。自社は運送業務を行なわない。

日本初のリニアメトロ開業と
国際花と緑の博覧会開催

我が国初の中量規模地下鉄

　地下鉄はトンネルを掘るだけでも建設費が莫大なほか、新しい路線の多く
は既設線や河川の下を通ることから、急勾配が発生する難点があった。

　建設費を抑制するにはトンネルの断面を小さくし、なおかつ急勾配や急曲
線を無理なく走行できるハイパワーな小型車両も必要になる。

　大阪市交通局は1979年9月に「地下鉄の小型化に関する調査研究委員会」
を設立し、小型地下鉄車両の開発に取り組む。その実験車として、2代目
100形を抜擢。車体の床下に台座を設置し、その下に小型機器を搭載するという大がかりな試験を行なう。

　1988年3月、初の小型地下鉄車両として70系試作車が2編成登場。共にVVVFインバータ制御としつつ、駆動装置はリニアモーターとロータリーモーターに分けた。大阪南港の試験線で半年にわたる走行試験の結果、「リニアメトロ」と称するリ

リニアメトロの開発が成功にしたことより、福岡市交通局、横浜市交通局、仙台市交通局が追随した。

ニアモーター駆動を採用。車両の開発と並行して建設が進められていた鶴見緑地線京橋—鶴見緑地間は日本初のリニアメトロとして、1990年3月20日（火曜日）の開業が決定した。

　ここでのリニアモーターは「鉄輪式」で、線路上に敷設されたリアクションプレートが台車のリニアモーターの磁力に反応し、推進力を得て動く仕組み。従来の電車と異なり、線路と車輪の摩擦力に頼らなくていいので、急勾配でも力強く進む。

　なお、リニアメトロの実車は1986年に東京都交通局が12-000形試作車を開発していたが、路線の開業は先を越した。

≫ 国際花と緑の博覧会 ≪

　鶴見緑地線建設の大きな契機は、1983年に大阪市が鶴見緑地で「花の博覧会」の開催が決定したことによる。1985年には「国際花と緑の博覧会」として、国際博覧会の承認を受けた。

　国際花と緑の博覧会は「花の万博」と称し、1990年4月1日（日曜日）から9月30日（日曜日）まで開催。総入場者数2312万6934人のうち、鶴見緑地線で駆けつけた利用客数は797万1665人を記録した。

新20系と66系登場で 車両冷房化が急速に進む

車両の冷房化を推進した新型車両

1970年代に入ると、全国的に鉄道車両の冷房化が進む。大阪市交通局も第3軌条車両対応の薄型冷房装置を開発し、電機子チョッパ制御を採用した省エネ車両、10系量産車で実用化された。

地下鉄の場合、抵抗制御のまま冷房を使用すると排熱量が増大し、トンネル内の温度がさらに上昇する恐れがあった。このため、冷房車を導入するには省エネ(チョッパ制御、VVVFインバータ制御)の採用が必要不可欠とされた。

大阪市交通局は1988年度に阪口英一交通局長が"鶴の一声"で車両冷房化の推進を決定。当初は10系、2代目20系の増備を継続し、前者は御堂筋線、後者は中央線と谷町線に投入した。70系、ニュートラムの100系は最初から冷房装置を搭載している。

1990年4月、従来車のイメージを大幅に変えた第3軌条用の新20系(3代目20系。詳細は後述)、堺筋線用の66系が登場。いずれもVVVFインバータ制御を採用。車体もビートつき、軽量化を図った第2世代ステンレスで、幕板部はブラッシング仕上げ、側窓の周囲は

写真の22系第1編成は1990年4月に報道公開され、"新時代の到来"をアピール。1997年にはそれをベースとした大阪港トランスポートシステムOTS系(後述)が登場した。

ダルフィニッシュとして金属光沢に変化をつけている。方向幕は側面にも設け、運転士と車掌の別個操作から、車掌の一括操作に変わった。

車両番号は初の5ケタとなり、万と千の位は車系(車型ともいう)で、特に千の位は投入

22系オリジナル車の運転台。

する号線(例えば1は御堂筋線、2は谷町線、6は堺筋線)を表す。百の位は車種区分で新20系、66系の導入を機に、電動車は0～5から0～4、付随車は6～9から5～9に変更。十と一の位は従来通りの編成番号を表す。なお、新20系の形式は千の位を抜いた4ケタ(万、百、十、一の位)、66系は5ケタである。

おなじみの高速電気軌道標識は、各車両の乗降用ドアの両端付近に貼付。色も従来車のホワイトからラインカラーに変更された。さらにVVVFインバータ制御車を示すロゴも貼付され、省エネ車両を大いにアピールした。

新20系の詳細、共通事項

ここでは新20系の詳細、共通事項を紹介させていただく。66系の詳細は第3章を御参照いただきたい。

先頭車前面は貫通扉を左端に寄せることで運転席からの視界を確保。また、第3軌条車両では50系から続いていた髷のようなカタチの誘導無線装置のアンテナを妻面に移設した。カラーリングも一新され、新20系はラインカラーにホワイトをプラス、車両全体に巻くことで一体感を持たせた。当初は、先頭車前面の車番が大きく表示されたが、1991年からは若干小さくした。

車内は東京メトロ01系などに倣い、床を茶色とクリームの2色にして、茶色は着座した際に足を置く位置、クリームの部分は通路に分けたが、1995年の増備車(21系と23系は既存編成の増結車を除く)から茶色に統一した。

堺筋線車両の冷房車導入は阪急にとっても朗報だった。

VVVFインバータ制御車を示す66系のロゴ。

ロングシートのシートモケットは薄茶色で、背もたれに着席区分を表示。また、1992年から各車両に車椅子スペースを設置した。1990・1991年製の車両ものちに一部のロングシートを置き換えるカタチで設置された。

運転台は2代目20系に準じたツーハンドルで、速度計はバーグラフとデジタル数字を併設した。当時、自動車の速度計もこのタイプがあり、"「ナウい」という名のトレンド"でもあった。

新20系は第3軌条各線に投入され、総勢572両（元大阪港トランスポートシステムOTS系12両も含む）の大所帯となり、冷房サービスを大きく推進する立役者となった。

抵抗制御車も冷房改造に踏み切る

新20系と66系の投入を進める一方、抵抗制御の60系と30系の一部も冷房改造された。

60系は冷房改造を機に、方向幕の更新及び側面にも新設。のちに乗降用ドアも更新され、小窓から大窓に変わってゆく。

30系も方向幕の更新及び側面にも新設に加え、車内のリニューアル、各車両に車椅子スペースを設置。車体の帯も側面に限り、新20系に準じたものに更新された。

2008年10月、30000系登場

> ## 当初は谷町線30系の置き換え用として登場

第3軌条用の新製車は1998年の21系を最後に途絶えていたが、実は1999年から新型車両の導入が検討されていた。当時、大阪で2008年の夏季オリンピックを誘致する計画があったからだ。しかし、開催地は中国の北京に決まる。

検討開始から7年後の2006年、ついに新型車両の開発が正式に決まり、8人のプロジェクトチームが結成された。その車両は30000系で、2008

御堂筋線30000系は2011年12月10日（土曜日）、なかもず8時18分発の千里中央行きでデビュー。開幕戦は、なかもず―千里中央間1往復のみの運転だった。

年10月に試作車が登場し、まずは谷町線に投入された。

30000系の由来は新20系が登場した1990年以来、18年ぶりに主力路線に新型車両が投入されたこと、当時は旧来の30系がまだ走っており、形状も異なることによる。新20系は車番5ケタ、形式4ケタに対し、30000系はどちらも5ケタになった。

先頭車の前面は10系リニューアル車に似た顔立ちで、車体はステンレス。レーザー溶接により、ビートをなくし、車体強度の向上を図った。

方向幕もデジタル方向幕（3色LED。量産車は先頭車の前面のみフルカラーLEDに変更）に変わり、なおかつ大型化。行先を見やすくした。また、LEDの長所を生かし、行先のコマ数も新20系などに比べ増やした。例えば谷町線用の30000系は、わたり線による折り返し運転が可能な東梅田、谷町

四丁目、谷町九丁目、天王寺、田辺を追加した。

　さらに客室でSOSボタンを押すと、当該号車のみ車体側面のデジタル方向幕が点滅し、ホームで安全を監視する駅員にも伝わりやすいようにしている。

　カラーリングも新20系に比べ、アクセントカラーを１本追加したほか、各車両の両端付近にタテのラインカラーと号車、車体上部にもヨコのラインカラーを配した。VVVFインバータ制御のロゴは先頭車側面の乗務員室寄りに貼付された。また、床面の高さ（線路から客室の床まで）の高さも1190ミリから1150ミリに低くしたことで、ホームとの段差を90ミリから50ミリにして乗降しやすくなった。

　冷房装置は車内温度の均一化を図るため、各車両の両端からやや中心寄りに配置。さらに天井もオールフラットになり、高さも統一された。

　このほか、初代20系以来続いていた第３軌条用空気バネ台車の設計変更、車外スピーカーの設置、ロングシートは着座幅を440ミリから470ミリに拡大（その分、長い座席は６人掛けから５人掛けに変更）。LCD式の旅客情報案内装置（Osaka Metroでは「車内案内表示器」と呼称）を乗降用ドア上に千鳥配置、側窓を熱線吸収式にしてカーテンを省略、乗降用ドアの開閉を示すドアランプの設置、吊り手を標準的な高さと少し低いものを配した。

　30000系は2009年３月18日（水曜日）にデビュー。2010年３月から量産車が投入され、30系を置き換えた。

御堂筋線用と30000A系も加わり３番目の大所帯に

　30000系は谷町線のほか、2011年５月から御堂筋線にも投入され、12月10日（土曜日）にデビュー。11年かけて10系、10A系を置き換えた。

　2022年４月、今度は中央線に30000A系が登場し、７月22日（金曜日）にデビュー。2025年日本国際博覧会に向けた輸送力増強用の"リリーフ車両"で、まずは既存車両を置き換えた。終了後は谷町線に転用される。

　これにより、30000系は御堂筋線用22編成、谷町線用13編成、30000A系10編成の布陣となり、新20系の572両、30系の363両に次ぐ、総勢358両の大所帯となった。

　なお、Osaka Metroは御堂筋線用を「31系」、谷町線用を「32系」と呼称しており、大阪市交通局時代から続く伝統は民営化後も受け継がれている。

抗菌、消臭、抗ウイルス

　2020年、世界中に蔓延した新型コロナウイルス(COVID−19)の感染防止対策として、全国的に、しかも急速に広まったのが、車内に「抗菌、抗ウイルス」を施行すること。安心して乗車できるよう、鋭意努力している。

　日本の交通事業者で初めて採り入れたのが大阪市交通局で、2004年11月、

鉄道車両に「抗菌、消臭、抗ウイルス」を施行するのは画期的だったが、全国的に普及するまで9年を要した。なお、大半の鉄道事業者は「抗菌、抗ウイルス」を施行している。

市バスにニチリンケミカルの空気触媒セルフィールを導入した。

　その後、大阪市交通局は大阪市営地下鉄、ニュートラムにも空気触媒セルフィールを導入。2011年10月13日（木曜日）から御堂筋線の車両を皮切りに2年かけて抗菌、抗ウイルスに加え、消臭も全車両に施行された。車内に「抗菌、消臭、抗ウイルス施工済」のステッカーが貼付され、快適な環境で乗客をもてなす。

　御堂筋線と相互直通運転を行なう北急も2013年3月31日（日曜日）に8000形ポールスター号の抗菌、消臭、抗ウイルスを施工。これで御堂筋線と北急の全車両が同じ仕様になった。

》》 人に対する思いやりが関東より上 《《

　JR西日本でも2007年と2009年、特急形車両の喫煙車を禁煙車に変更する際、煙草のニオイを除去し、快適な環境を乗客に提供するため、特急〈サンダーバード〉用の車両を中心に空気触媒セルフィールが施工された。2020年に入ると、特急以外の車両、駅のエレベーターの押しボタンにも抗菌、抗ウイルス対策を施した。

　関東地方では、JR東日本が2006年に導入したE233系で、吊り手（吊革）を抗菌仕様としたが、抗ウイルス、消臭対策は施されていない。

　地下鉄の冷房サービス、車椅子スペースの各車両設置なども含め、関西の鉄道がいち早く導入した背景として考えられるのは、「人に対する思いやりが関東より上」だということ。関東の場合、鉄道に限らず効率を優先するあまり、人柄や手間暇を重視しない傾向にあるのではないだろうか。

※『AERA dot.』（朝日新聞出版刊）より転載。一部加筆、修正しています。

公営から民営化への波瀾万丈伝

当初は公設民営化を構想していた

　1990年代に入ると、大阪市交通局は大阪市営地下鉄の新線建設、御堂筋線の輸送力増強、車両冷房化、エスカレーターやエレベーターの整備など、資本費の増加が影響し、1992年2月5日（水曜日）、1993年7月3日（土曜日）、1997年7月1日（火曜日）に運賃の改定を相次いで実施。しかし、厳しい経営状況に歯止めがかからず、2002年度には累積赤字が2933億円に膨れ上がってしまう。

Osaka Metro初日の2018年4月1日（日曜日）は、記念の出発式が御堂筋線なかもずで実施され、写真の御堂筋線用30000系（31系）第3編成が起用された。

大阪市営地下鉄最後の列車は、御堂筋線江坂始発のなかもず行きで、写真の10系第13編成が起用された。

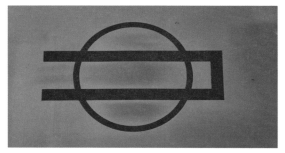

車両側面に貼付された高速電気軌道標識は、民営化後もしばらく"御尊顔"を拝することができた。

大阪市交通局は1995年度から経営健全化計画などを行ない、職員の削減など、経営改革に乗り出すが、1999年度に初めて外部監査を受けたところ、「運営コストの割高は職員数の多さが原因」であることを指摘されてしまう。地下鉄の営業路線1キロあたりの職員数は58人で、東京や名古屋などほかの都市の地下鉄事業を担う平均職員数は32人なのだ。さらに御堂筋線の収益と将来の安易な運賃値上げに依存していることも指摘され、路線ごとに採算性を重視するよう求められた。

　關淳一市長は2004年頃から民営化の検討を始め、2005年11月27日（日曜日）投開票の大阪市長選に"出直し"で再出馬すると「大阪市交通局の公設民営化（国もしくは地方公共団体が管理する施設の運営を民間に委託すること）」を公約に掲げ、再選を果たす。

　しかし、2006年に入ると、関西経済同友会などが「完全民営化（国もしくは地方公共団体が経営する企業の株式をすべて売却し、民間企業化すること）」を提言。關淳一市長は慎重な姿勢を示し、自身が掲げた公約に暗雲が生じてしまう。

　2007年11月18日（日曜日）投開票の大阪市長選で、平松邦夫氏が当選して大

阪市長の座に就くと、大阪市交通局民営化の白紙を明言。その後、経営改善計画が順調に進み、2010年度には累積赤字が解消され、186億円の累積剰余金を計上。劇的なV字回復となったが、市バスは24億円の経常赤字を記録し、こちらの経営改善には時間を要する状況に変わりなかった。

波瀾万丈の民営化

2010年1月21日（木曜日）、橋下徹大阪府知事は、出張先のベトナムで大阪市営地下鉄の民営化構想を記者団に明かすと、2011年11月27日（日曜日）投開票の大阪市長選に出馬。大阪市交通局の民営化を公約に掲げ、当選を果たす。

橋下市長は大阪市交通局を持株会社（事業活動の支配を主目的に他社の株式を大量に所有すること。自身が事業に携わらない「純粋持株会社」、ほかに本業がある「事業持株会社」の2種類がある）として民営化し、大阪市営地下鉄と大阪市バスをそれぞれ子会社化して、大阪市の傘下に

大阪シティバスの車両はクリームをベースに、写真のグリーン帯は標準色、ブルー帯は低公害車を表す。

「Osaka Metro」は公式発表かつ、固有名詞である以上、各メディアはこの字を使ってほしい。

置く構想を立てた。

　さらに2014年４月１日（火曜日）の消費増税（５％から８％に引き上げ）に伴い、１区運賃（初乗り運賃）を大人200円から180円に値下げする案を出し、藤本昌信交通局長の理解を得た。

　しかし、大阪市会は大阪市交通局の民営化には慎重で、継続審議や否決が続く。橋下市長も自身が掲げた大阪都構想の住民投票で否決され、2015年12月18日（金曜日）をもって退任。後任の吉村洋文市長（現・大阪府知事）が引き継ぐことになった。

　2016年３月29日（火曜日）、大阪市会で市バスの民営化が可決。すでに一部の運行を請け負っていた大阪シティバスという外郭団体に事業譲渡することになった。一方、大阪市営地下鉄の民営化可決はまたも先送りにされた。

　ついに前進したのは９か月後の12月13日（火曜日）、大阪市会の交通水道委員会で、大阪市が100％株を保有する新会社を設立し、業務を引き継ぐことを盛り込んだ民営化基本方針案が可決。その後、「大阪市営としての地下鉄・バス廃止議案」などを大阪市会本会議に提出し、2017年３月28日（火曜日）に可決、成立した。

　３か月後の６月１日（木曜日）、大阪市100％出資の準備会社として、大阪市高速電気軌道株式会社（資本金8750万円）を大阪市交通局内に設立。これが2018年４月１日（日曜日）から大阪市営地下鉄を引き継ぐ新会社の商号となる。市バスを引き継ぐ大阪シティバスもその子会社として、再出発する。

　2018年１月25日（木曜日）には大阪市高速電気軌道の愛称を「Osaka Metro」に決定。併せて「moving M」と称するロゴ、「走り続ける。変わり続ける。」というスローガンも披露された。

　なお、大阪市交通局時代は「公営」だったが、現在のOsaka Metroこと大阪市高速電気軌道は「中小私鉄」に区分されている。

第 2 章

Osaka Metro
全路線&相互直通路線

Osaka Metroは地下鉄8路線129.9キロ、
新交通システム1路線7.9キロで、計137.8キロの路線網を築く。
全路線のほか、相互直通運転先の北急、近鉄、阪急も御案内しよう。

御堂筋線

関西を代表するドル箱路線

　御堂筋線は江坂―なかもず間24.5キロを結ぶ路線で、大阪都心の新大阪、梅田、なんば、天王寺を経由する関西きってのドル箱路線。関西の通勤形電車及び全国の第3軌条路線では唯一、全列車10両編成で運転されている。また、2015年から7年かけて御堂筋線全駅にホームドアを整備。2021年1月からWS-ATCの路線では初めてTASCの運用を開始した。

　起点の江坂は吹田市の駅で、周辺は"大阪副都心"の様相を呈しており、北急南北線から引き続き国道423号線新御堂筋と並走する。クルマと共存する鉄道は大変珍しく、絵になる光景だ。

　神崎川を渡り大阪市に入ると、西中島南方までにかけてはオフィスビルが立ち並ぶ大阪都心の北側である。

　東三国はホームや列車から自由の女神(パチンコ屋のオブジェ)が眺められるのが面白く、"ウケ狙い好き"な大阪らしい車窓と言える。また、付近にJR西日本東海道本線の東淀川駅がある。

　新大阪はホームの大半が東海道・山陽新幹線ホームの下にある。Osaka Metroにとっても新大阪は"関西の玄

新大阪駅の界隈は御堂筋線と東海道新幹線の開業で大いに発展し、現在はオフィスビルと住宅地などが共存している。

関口"であろう。また、2016年３月30日（水曜日）に新なにわ大食堂を開業、2020年２月１日（土曜日）にトレインビュースポットを開設するなどのリニューアルが進められた。

西中島南方は当初、阪急京都本線と同名の「南方」で開業する計画だっ

待ち合わせ場所にピッタリな新大阪のトレインビュースポット。

たが、地元から「西中島」という意見があったことから論争となり、最終的に「西中島南方」という複合駅名で落ち着いた。

Osaka Metroは複合駅名が多いのが特長で、"丸く収める切札"は同業他社にも波及した。多摩都市モノレールの「大塚・帝京大学」「中央大学・明星大学」、JR北海道の「新函館北斗」はその例と言えよう。

淀川を渡り、国道423号線新御堂筋と分かれ、33パーミルの急勾配をくだり、「梅田貨物線」と称する東海道本線の貨物線の交差付近で地下にもぐる。

地下に入ると、中津へ。阪急に同名の駅があるものの、相当離れており乗換駅ではない。

梅田は２番線のアーチ型（ドーム状の天井）のホームが絶景だ。かつてはこの空間に１番線が存在していたが、ラッシュ時は入場規制をするほどのすさまじい混雑ぶりだったことから、谷町線用として使われる予定だったトンネルを活用し、１番線に転用した。現在は２番線との連絡通路が設けられ、全幅24.6メートルという超広大な島式ホームを形成した。

２番線には2019年12月１日（日曜日）から「Umeda Metro Vision」（ヨコ40メートル×タテ４メートル）の放映がスタート。前日、「地下におけるLEDスクリーン最大ディスプレー」としてギネス世界記録®に認定された。

御堂筋線の由来である公道の御堂筋は梅田の阪神前交差点から始まり、梅田新道交差点から国道25号線御堂筋へ。地上はにぎやかな街が続き、なんばの難波西口交差点で終わる。

なんばの開業時は島式ホームだったが、混雑緩和のため、上り２番線に新

"マンモス駅"の梅田。コロナ禍前の2019年度は1日平均44万2297人の乗降人員を記録した。

ホームを建設したことから、変則的な相対式ホームである。

大国町は同一ホームで四つ橋線に乗り換えられる。

動物園前はホームに動物の壁画があり、オアシス的な雰囲気がある。

天王寺は2面3線で、1番線は下りホーム、2番線は上り始発専用ホーム、3番線は上りホームで、わかりやすい。ここから先は庶民的な街並みを通る。

昭和町—西田辺間は戦後の資材不足と資金難が影響し、開溝式隧道で建設された。1952年10月5日（日曜日）に開業したが当時は掘割で、沿線から過ぎゆく列車、車内から地上の車窓がそれぞれ眺められた。地下とはいえ実質の地上区間である。その後、"フタ"をする掩蓋工事によって、完全な地下となり、その上には一般道路の府道28号線あびこ筋が建設された。

長居はプロサッカーJリーグ、セレッソ大阪の本拠地最寄り駅。あびこ—北花田間は大和川の下を通るため、御堂筋線では唯一のシールドトンネル区間である。

大和川を境に堺市へ入り、終点なかもずへ。駅名は「中百舌鳥」が正式名称だが、「読み方が難しい漢字をわかりやすく表示することが望ましい」という観点から、案内上はひらがなになった。ちなみに、接続する南海高野線は「中百舌鳥」、泉北高速鉄道は「中もず」と案内している。

全区間運転と区間運転の交互運転が基本

開業時は全線の通し運転だったが、1951年12月20日（木曜日）の天王寺—昭和町間の延伸を機に、運転系統を2つに分け、それぞれの起点同士を結ぶ梅田—昭和町間の大運転系統、天王寺の折り返し設備を活用した梅田—天王寺間の小運転系統を設定した。その後、大運転系統は延伸と共に延びてゆく。

　1964年9月24日（木曜日）の梅田―新大阪間の延伸で、大運転系統を新大阪―あびこ間、小運転系統を中津―天王寺間とする交互運転が基本になる。小運転系統は59年間も運転区間が変わらないのに対し、大運転系統は南北両方向の延伸により、運転区間も変わっていった。

　1990年3月20日（火曜日）から日中は大運転系統を千里中央―なかもず間、中運転系統を新大阪―天王寺間の交互運転に変更。その後、ラッシュ時は大中大小の順に運転するダイヤが基本になり、現在に至る。これにより新幹線接続列車が大幅に増加したほか、下り新大阪始発の設定による着席サービスの向上が図られている。

　このほか、中百舌鳥検車場からの入出庫による、なかもず手前の新金岡発着列車、早朝深夜に設定される江坂発着列車、以前の起終点だった、あびこ発着列車も設定されている。

終電を深夜2時まで延長したことも

　過去には回送なのに、新大阪のみ乗車可能という、時刻表にはない"究極のあびこ行き終電"が運転された。最終の新幹線列車到着後に発車し、西中島南方から先は降車専用という、"乗車整理券不要のホームライナー的な列車"といえる。

　2020年1月24日（金曜日）深夜（厳密にいえば1月25日〔土曜日〕）には、国土交通省と連携し、江坂―なかもず間を2時まで終電延長する実証実験を実施。15分間隔で運転、他路線、他社線の接続がないとはいえ、1・2時台の乗客は約4000人を記録した。

　なお、当初は2月21日（金曜日）深夜（厳密にいえば2月22日〔土曜日〕）にも実施予定だったが、新型コロナウイルスの影響で中止された。

御堂筋線

正式路線名	大阪市高速電気軌道第1号線
区間	江坂―なかもず
営業キロ	24.5キロ
駅数	20
保安装置	WS－ATC、TASC
軌間	1435ミリ（標準軌）
電化方式	直流750ボルト　第3軌条式
車両基地	中百舌鳥検車場
在籍車両	30000系（31系）：22編成220両
	21系：18編成180両

北急南北線、南北線延伸線

>> **吹田市と豊中市の駅を交互に配置** <<

　北急は日本万国博覧会アクセスのほか、千里ニュータウンの足として発足した準大手私鉄。2006年10月1日（日曜日）に阪急と阪神が経営統合した阪急阪神ホールディングスが発足したことで、その傘下となった。

　開業の経緯は第1章を御参照いただくとして、現在は南北線江坂—千里中央間5.9キロを有している。2017年度には江坂を除く各駅にホームドアが整備された。また、駅ナンバリングの緑地公園はM10、桃山台はM09、千里中央はM08と数字が下がる。

　起点の江坂を発車すると、国道423号線新御堂筋と並走。名神高速をまたぎ、豊中市へ。緑地公園は半地下構造の地上駅で、北急発足当初から設置が計画されていた。しかし、当時は周辺の開発が進んでおらず、ホームの整備にとどめた。

　開業から2年後の1972年1月に豊中市の要請を受け、協議の末、晴れて開業が決定。駅舎の建設工事で仕上げ、1975年3月30日（日曜日）に開業した。日本の第3軌条路線で、開業後の区間に新駅が設置されたのは初めてである。

　再び吹田市に入り、桃山台は千里中央の仮駅、万国博中央口と共に、第3軌条では信越本線の横川と軽井沢以来の地平駅。また、第3軌条では初めて橋上駅舎を構えた。ホームの千里中央寄りに立つと、運がよければ北急の列車と大阪モノレール線の列車によるツーショット撮影

北急は全列車が各駅停車で運転。

ができる。

桃山台は千里ニュータウンの中心地で、駅前に高速バスの千里ニュータウン停留所が立つ。また、西側には北急の桃山台車庫、東側の離れたところには阪急千里線の南千里駅がある。

再び豊中市に入り、地下にもぐると千里中央へ。吹き抜けの構造で、上の改札を出ると、周囲は店舗が並ぶ。ここでは、きっぷがなくてもトレインウォッチングが楽しめるという稀有な地下駅である。開業時は単独の駅だったが、1990年6月1日(金曜

桃山台のホーム千里中央寄りは見晴らしがよい。

千里中央は半世紀以上にわたり終着駅が続いた。

日)に大阪モノレール線が開業し、乗換駅になった。

全列車、御堂筋線の直通運転に統一

1970年の万国博ダイヤでは、平日は万国博中央口—天王寺間、新大阪—あびこ間の交互運転で通勤輸送に考慮、土休は万国博中央口—天王寺・あびこ間の交互運転で観客輸送主体としていた。日本万国博覧会終了後は千里中央—あびこ間(のちになかもずへ延長)の運転を基本とした。

2020年10月31日(土曜日)のダイヤ改正で、運転区間を千里中央—なかもず間に統一。以前のダイヤでは、千里中央発の終電が江坂行きで、Osaka Metroの車両で運転されていた。江坂で御堂筋線のなかもず行き終電に接続したあと、回送として御堂筋線を走行していた。その際、最後部車両は前照

灯、尾灯（後部標識灯）とも点灯し、"真の終電"であることを示す。

2024年3月23日（土曜日）、南北線延伸線が開業予定

　北急は日本万国博覧会アクセス輸送に次ぐ壮大な鉄道プロジェクトとして、南北線延伸線千里中央—箕面萱野間2.5キロの工事を進めている。

　千里中央から箕面市方面への延伸は、大阪府が千里ニュータウンを計画した1958年6月から構想され、当初は御堂筋線が乗り入れる青写真を描いていた。1960年、千里中央までに落ち着き、千里ニュータウン方面のアクセス輸送は北急が担うことになった。

　再燃するきっかけとなったのは、1985年、箕面市が第三次箕面市総合計画に北急の延伸案を明示したこと。1989年5月31日（水曜日）の運輸政策審議会答申第10号でも、千里中央—新箕面（仮称。現・箕面萱野）間が「2005年までに整備することが適当な路線」として位置づけられる。箕面市にとっては絶好の"追い風"だったが、進展がまったくないまま21世紀を迎えた。

　2004年8月9日（月曜日）、近畿地方交通審議会で北急千里中央—新箕面間の延伸が「京阪神圏で中長期的に望まれる鉄道ネットワークを構成する新たな路線」と位置づけた。これを受け、国、大阪府、箕面市などが北大阪急行線延伸検討委を発足。長い協議の末、2014年3月31日（月曜日）、北急、大阪府、箕面市、阪急は南北線延伸線千里中央—新箕面間の延伸について基本合意した。

　南北線延伸線の千里中央—箕面船場阪大前間は鉄道事業法、箕面船場阪大前—箕面萱野間は北急初の軌道法が適用された。2024年3月23日（土曜日）には最初の構想から66年で大願成就を果たす予定だ。

北大阪急行電鉄

路線名①	南北線
区間	江坂—千里中央
営業キロ	5.9キロ
駅数	4
路線名②	南北線延伸線
区間	千里中央—箕面萱野
営業キロ	2.5キロ
駅数	2（千里中央は省略）
保安装置	WS－ATC
軌間	1435ミリ（標準軌）
電化方式	直流750ボルト　第3軌条式
車両基地	桃山台車庫
在籍車両	8000形：3編成30両
	9000形：7編成70両

注：車系は「形」と書いて「ガタ」と読む

谷町線

　谷町線は大日—八尾南間28.1キロを結ぶ路線で、御堂筋線と同様に起点と終点が大阪市外に所在する。

　起点の大日は守口市に所在。開業時は単独駅だったが、1997年8月22日（金曜日）に大阪モノレール線南茨木—門真市間が延伸開業し、乗換駅になった。

　駅前に大日検車場が広がる。意外なことに、大日駅が1983年2月8日（火曜日）に開業する6年前の1977年4月6日（水曜日）から開設されていた。これにより、谷町線の車両は中央線の森之宮検車場から転属され、晴れて谷町線専用の車両基地を構えた。

　太子橋今市は大阪市旭区に所在するが、谷町線ホームの大半と今里筋線ホームは守口市域に属している。地下鉄のホームが市をまたぐ初の事例となった。ちなみに駅名の「太子橋」、「今市」とも大阪市の地名である。

　関目高殿はかつて「関目」だったが、所在地は大阪市旭区高殿で、なおかつ区境付近に建設されたため、隣の城東区関目が目と鼻の先。いつしか「関目（高殿）」という「駅名＋副駅名」が付与され、のちに駅名に一本化した。このような事例は11駅先の四天王寺前夕陽ケ丘（駅名は四天王寺前、副駅名は夕陽ケ丘）がある。

　関目高殿付近で今里筋線に再び合流。しかし、今里筋線の駅はなく、少し離れたところに関目成育駅が建設された。エンジョイエコカード（1日乗車券）なら、関目高殿と関目成育は“地上乗り換え”が可能だ。

　東梅田は御堂筋線沿いに建設され、Osaka Metroで「梅田」の名がつく駅では唯一、ホームを相対式としている。

　谷町線の由来となった公道の谷町筋は天満橋駅前の谷町1丁目交差点から

ホームの立入禁止部分は点字ブロック等がない。

谷町線の地上区間は1キロにも満たない。

始まり、「谷町」の名がつく駅は3つ続く。特に谷町四丁目は中央線と線路がつながっており、谷町線の車両が試運転で中央線を走行することがある。

天王寺付近の近鉄前交差点で谷町筋が終了。メガネ型シールドトンネル駅の阿倍野を過ぎると、平野までは阪神高速14号松原線と同時に施工し、地下鉄のトンネルと高速道路の橋脚を一体化するという合理的な構造とした。

喜連瓜破は日本の地下鉄では初めて、エレベーターを設けた。それも当初から車椅子対応だ。きっかけは、1980年11月27日（木曜日）の開業時、付近に障害者リハビリテーションセンターが建設予定だったことによる。平成に入ると全国的にエレベーターの設置が進んだ。

地下を抜けた直後、八尾市に入り、終点八尾南へ。隣には輸送力増強用として設けた八尾車庫（開業時は八尾検車区）が広がる。

なお、天王寺―八尾南間が1980年11月27日（木曜日）に延伸開業すると、並行する路面電車の南海平野線を廃止。残る南海路面電車の阪堺線、上町線は12月1日（月曜日）から阪堺電気軌道として再出発した。

》》 民営化で運行体制が刷新 《《

谷町線天王寺―八尾南間の延伸を機に、大運転系統を全線の通し運転、中

谷町線はOsaka Metroでは唯一、車両基地を２つ構えている。写真の八尾車庫は、車両が陸上400メートル走のスタートラインを彷彿させる状態で綺麗に並べている。

運転系統を都島（みやこじま）—喜連瓜破間、小運転系統を都島—文の里間に設定。平日の朝ラッシュ時は大中大小の交互運転、日中は大運転系統と小運転系統の交互運転とした。

　長らくこの体制が続いていたが、2020年３月14日（土曜日）のダイヤ改正で谷町線のダイヤを全面的に見直し、中・小運転系統の多くを大運転系統に置き換え、利便性の向上を図った。

　また、2020年から東梅田にホームドアの使用が開始され、今後は谷町線の各駅に順次導入を進めてゆく。併せてTASCの運用に向けて準備を進めている。

谷町線

正式路線名	大阪市高速電気軌道第2号線
区間	大日—八尾南
営業キロ	28.1キロ
駅数	26
保安装置	WS−ATC
軌間	1435ミリ（標準軌）
電化方式	直流750ボルト　第3軌条式
車両基地	大日検車場
	八尾車庫
在籍車両	22系：29編成174両
	30000系（32系）：13編成78両

Osaka Metro Daikenkyu 2-4

四つ橋線

》 **西梅田―大国町間は御堂筋線のバイパス** 《

四つ橋線は西梅田―住之江公園間11.4キロを結ぶ全線地下の路線で、大阪の地下鉄では２番目に歴史が古い。

大国町はホーム上で御堂筋線に乗り換えられる。

住之江公園で発車を待つ西梅田行き。

起点の西梅田は阪神電気鉄道（以下、阪神）本線大阪梅田駅付近に所在し、梅田界隈の駅ではJR西日本JR東西線の北新地駅にもっとも近い。地上には四つ橋線の由来となった四つ橋筋が通り、やや離れた御堂筋線に並行する。西梅田―大国町間は御堂筋線のバイパスと位置づけられ、定期券も梅田・西梅田―大国町間は共通使用ができる（乗換駅ではない御堂筋線淀屋橋、四つ橋線肥後橋も利用可）。

肥後橋は付近に京阪電気鉄道中之島線の渡辺橋駅がある。その後、御堂

筋線との距離が徐々に縮まってゆく。本町から大国町までは4駅連続で御堂筋線に乗り換えられる。

　本町は中央線と線路がつながっている。これは2016年に工場施設を緑木車両工場に一元化するために新設されたもので、第3軌条各線の車両が四つ橋線を走行する。

　なんばを過ぎ、元町2丁目交差点で四つ橋筋が終わると、御堂筋線に合流し、大国町へ。ここから先は南海の南海本線と並行し、花園町は萩ノ茶屋、岸里は天下茶屋の近くに所在する。エンジョイエコカードなら、四つ橋線岸里と堺筋線天下茶屋は地上乗り換えができる。

　南海と離れ、北加賀屋は緑木車両工場及び緑木検車場の最寄り駅。2022年に30000A系と400系の報道公開が開催された。

　終点住之江公園で南港ポートタウン線に接続。地下1階コンコースから地上の高架ホームまで、約40メートルという長いエスカレーターで乗り換える。

通し運転が基本

　四つ橋線は西梅田―住之江公園間の通し運転が基本で、緑木検車場の入出庫による西梅田―北加賀屋間の列車も存在する。西梅田はすべて始発列車なので、着席通勤が容易にできるという絶対的な強みがある半面、御堂筋線梅田駅などから相当歩くので、"遠い"印象を持つ人が多いのではないだろうか。

　なお、2004年8月9日（月曜日）の近畿地方交通審議会で、四つ橋線西梅田―十三間2.9キロの延伸を「京阪神圏で中長期的に望まれる鉄道ネットワークを構成する新たな路線」と位置づけたが、具体的な計画には至っていない。

　ホームドアは2021年から西梅田を皮切りに整備され、順次導入を進めてゆく。併せてTASCの運用に向けて準備を進めている。

四つ橋線

正式路線名	大阪市高速電気軌道第3号線
区間	西梅田―住之江公園
営業キロ	11.4キロ
駅数	26
保安装置	WS−ATC
軌間	1435ミリ（標準軌）
電化方式	直流750ボルト　第3軌条式
車両基地	緑木検車場
在籍車両	23系：23編成168両

Osaka Metro
Daikenkyu 2-5

中央線

>> スリリングな地下鉄 <<

　中央線はコスモスクエア—長田間17.9キロの路線で、地下鉄では後述の近鉄けいはんな線も含め、もっとも変化に富んだ路線である。

大阪ドームとして開業した京セラドーム大阪。

地上区間開業後、阪神高速の高架が両脇に建つ。

　起点は咲洲という人工島の地下駅、コスモスクエア。Osaka Metroでは駅ナンバリングを「11」から振ることを原則としているが、コスモスクエアは「C10」である。

　コスモスクエア—大阪港間は、大阪港トランスポートシステム南港・港区連絡線として1997年12月18日（木曜日）に開業し、中央線、近鉄との相互直通運転を開始。しかし、割高な運賃が影響し、利用客が伸びず赤字に悩まされていた。

　このため、2005年7月1日（月曜日）から、大阪市交通局が第2種鉄道事業者として運行業務を移管、大阪港トランスポートシステム

は第3種鉄道事業者として再出発した。

コスモスクエアを発車すると、大阪港咲洲トンネルへ。地下鉄及び第3軌条では初の海底トンネルで、鉄道と道路を一体化した。34パーミル勾配を下ると海底部に入る。そこを抜けると40パーミルの急勾配を登り、

関西本線高井田は近鉄河内国分の対岸に建設。

地上へ。大阪港は高潮の被害を避けるため、高架で建設された。

中央線の由来である公道の中央大通は朝潮橋交差点から始まり、朝潮橋を過ぎると阪神高速16号大阪港線に合流。弁天町は大阪環状線高架の上に建設された。高架同士による鉄道路線の立体交差は日本初ではないだろうか。

九条はOsaka Metroの本社及び京セラドーム大阪の下車駅で、阪神なんば線の駅は地下にある。運がよければ、九条付近の車窓から阪神なんば線の列車が地下にもぐる、もしくは地上に出る様子が見られる。

大阪港付近から"高みの見物"が続いていたが、阿波座付近で35パーミルの勾配となり、地下にもぐる。

阿波座は千日前線と線路がつながっており、阿波座—森ノ宮間は25系が回送として走行する。

地上はにぎやかな街の下を走行し、森ノ宮から先は住宅地を通り、深江橋へ。駅前の深江橋交差点で中央大通が終わり、中央線は東進して東大阪市に入る。

高井田は「城東貨物線」と称されていた国鉄片町線(現・JR西日本片町線)の貨物線の旅客線化に備え、交差地点に駅を設置。中央線高井田駅開業から23年たった2008年3月15日(土曜日)にJR西日本おおさか東線高井田中央駅として開業した。ちなみに関西本線にも高井田駅があり、国鉄時代の1985年8月29日(木曜日)に柏原市の駅として開業した。

長田は近鉄との境界駅。けいはんな線ではワンマン運転を行なうため、1番線にホームセンサーが設置された。また、駅自体は阪神高速13号東大阪線の橋脚と一体構築にすることで工事の合理化を図った。

2023年9月時点、ホームドアは未整備。2022年から順次、車両の置き換えを行なっており、併せてホームドアの導入やTASC運用に向けての準備を進めている。

けいはんな線の直通運転が基本

運行体制は近鉄との相互直通運転を基本にしており、日中はコスモスクエア―学研奈良登美ヶ丘間、コスモスクエア―生駒間の交互運転である。特に前者は36.7キロを走破し、Osaka Metroの車両では最長距離の列車である。

また、朝方は森之宮検車場を出庫し、下り森ノ宮―生駒・学研奈良登美ヶ丘間の列車が設定されている（土休は森ノ宮―生駒間1本のみ）。

中央線内で完結する列車は、下り深夜と上り早朝にコスモスクエア―長田間、下りの朝と深夜にはコスモスクエア―森ノ宮間があり、終点到着後、森之宮検車場に入庫する。なお、上りの森ノ宮行きはないが、森ノ宮始発はある。

どうする新線

中央線は2つの新線が計画されている。

1つ目は森ノ宮からの分岐線が構想され、森之宮検車場内に新駅を建設し、2028年の開業を目指す。地下鉄の回送線が旅客線化されるのは、1979年12月20日（木曜日）の営団地下鉄千代田線分岐線（綾瀬―北綾瀬間）以来となる。

2つ目はコスモスクエア―夢洲間3.2キロ。鉄道と道路を一体化した夢咲トンネル（海底トンネル）は2009年8月に開通している。今後、Osaka Metroが第2種鉄道事業者、大阪港トランスポートシステムが第3種鉄道事業者として、2024年度末頃の開業を目指す。

なお、夢洲―新桜島間は引き続き大阪港トランスポートシステムが第1種鉄道事業者である。

中央線

正式路線名	大阪市高速電気軌道第4号線		
区間	コスモスクエア―長田		
営業キロ	17.9キロ		
駅数	14		
保安装置	WS－ATC		
軌間	1435ミリ（標準軌）		
電化方式	直流750ボルト　第3軌条式		
車両基地	森之宮検車場		
在籍車両	2代目20系：6編成36両		
	24系：2編成12両		
	30000A系：10編成60両		
	400系：7編成42両		

近鉄けいはんな線

>> 中央線から続くスリリングな路線 <<

　けいはんな線は長田—学研奈良登美ヶ丘間18.8キロを結ぶ路線で、駅ナンバリングは中央線の続番としている。

　軌道法が適用されている長田—鉄軌分界点間の大半は、鉄道の構造物の上に阪神高速13号東大阪線の橋脚が乗る一体構造で建設。2029年に大阪モノレール線の駅が開業予定の荒本を過ぎて地上に出ると、上には阪神高速13号東大阪線が立つ。吉田を過ぎたあたりまで、これが"上屋"と化す。

運輸政策審議会答申第10号で生駒—高の原間も「2005年まで整備することが適当な路線」とされ、生駒—学研奈良登美ヶ丘間は2006年3月27日（月曜日）に開業した。

新石切は前方に生駒山地がそびえ立つ。

奈良線額田（ぬかた）ー石切間の絶景車窓。

新石切付近で阪神高速13号東大阪線から第二阪奈道路に変わり、けいはんな線の下に構える。

新石切は２面３線のホームを構え、旅客列車は下り１番のりば、上り３番のりばを使用。中間の２番のりばは上下線の列車が停車できるものの、１番のりば側に第３軌条を敷設したため、安全柵を設置している。また、ホームセンサーが設置されていないので、ワンマン列車の入線ができず、おもに試運転や回送列車等の待避線として使用されている。その場合、車両の車掌台に列車防護要員を添乗させている。

ホームの学研奈良登美ヶ丘寄りでは、遠くながら奈良線を望むことができる。奈良線からでも、けいはんな線と大阪平野を一望できる。運がよければ、それぞれの列車が眺められる。

生駒トンネルの一部は奈良線が1964年まで使用していた旧生駒トンネルを再利用した。さらに生駒トンネル内で奈良県に入る。中央線コスモスクエアから海底トンネル、地上、地下、地上、山岳トンネル＆県境越えと変化に富み、しかも第３軌条路線なのが「ゆめはんな」の魅力と言えよう。

全長4705メートルの生駒トンネルを抜けると、生駒へ。奈良線、生駒線に乗り換えるには自社線内では異例の中間改札を通る。

けいはんな線の車両基地である東生駒車庫を通過すると、2006年３月27日（月曜日）に開業した区間へ。生駒ー学研奈良登美ヶ丘間は第３種鉄道事業者の奈良生駒高速鉄道の手により建設され、近鉄は第２種鉄道事業者として列

車を運行する。京阪奈丘陵を通ることから3つのトンネルで突き進む。

　登美ヶ丘車庫を過ぎると、終点学研奈良登美ヶ丘へ。奈良市所在ながら、ホームは生駒市にまたがる。ここは関西文化学術研究都市（通称、けいはんな学研都市）の奈良県側の玄関口で、奈良交通の路線バスに接続している。

期待も大きいゆめはんな

　けいはんな線は中央線との直通運転が基本で、上り学研奈良登美ヶ丘発の生駒行き終電のみ線内運転である。

　さて、けいはんな線なのに、京都府を通らないことに疑問を持つ読者もいるだろう。実は2004年8月9日（月曜日）の近畿地方交通審議会で、けいはんな線学研奈良登美ヶ丘—高の原間3.8キロ、もしくは学研奈良登美ヶ丘—新祝園間6.2キロを「京阪神圏で中長期的に望まれる鉄道ネットワークを構成する新たな路線」と位置づけた。しかし、現在のところ進展はない。実現すると路線名通り、大阪府、奈良県、京都府をまたぐ。

　現在、近鉄が取り組んでいるのは、架空線と第3軌条の両方に対応できる車両の開発。近鉄各線から、けいはんな線経由で夢洲へ向かう直通列車を計画しており、2022年5月23日（月曜日）に架空電車線で第3軌条の集電靴を折りたたむ「可動式第3軌条用集電装置」の開発を発表した。

　実用化するには車両規格をけいはんな線に合わせること、けいはんな線長田—生駒間はワンマン運転化に伴いホームセンサーを設置した関係で、ホーム有効長が8両分から6両分に短縮されたため、長くても6両編成という制約がある。“夢の二刀流電車”が実現することを大いに期待したい。

近畿日本鉄道

正式路線名	けいはんな線	
区間	長田—学研奈良登美ヶ丘	
営業キロ	18.8キロ	
駅数	8	
保安装置	WS-ATC	
軌間	1435ミリ（標準軌）	
電化方式	直流750ボルト　第3軌条式	
車両基地	東生駒車庫	
	登美ヶ丘車庫	
在籍車両	7000系：9編成54両	
	7020系：4編成24両	

千日前線

全国の第3軌条路線では最少の4両編成

　千日前線は野田阪神—南巽間12.6キロを結ぶ。全線地下で、ホームは8両分を確保している。しかし、列車は4両編成なので、一部の駅のホームでは柵を設置して、使用しない部分の立ち入りを規制している。

野田阪神は1番線のみエレベーターを整備。

昭和の世界が色濃い野田阪神2番線。

　起点の野田阪神は阪神本線〔野田駅〕、JR東西線〔海老江駅〕に接続している。ホームは原則1番線から発車。隣の2番線は降車専用に充てており、ホームドアが設置されていない（ほかは2014年に整備済み）。なお、千日前線内に車両基地はなく、25系は中央線の森之宮検車場に所属している。

　玉川は大阪環状線野田駅付近に所在する。起点の駅名を「野田」ではなく、「野田阪神」にしたのは阪神本線と大阪環状線の野田駅に対する混乱が生じないよう

にしたものと考えられる。

汐見橋交差点で千日前線の由来となった公道の千日前通に入ると、ほどなく桜川へ。南海高野線〔汐見橋駅〕の乗換駅であるほか、桜川—なんば—鶴橋間は阪神なんば線、近鉄難波・大阪線と並行している。

立入禁止エリアは"昭和の原風景"でもある。

なんば—谷町九丁目間は大阪都心を通り、今里交差点で千日前通が終わると、今里へ。近鉄大阪線に同名の駅があるものの、大きく離れており、乗換駅ではない。

その後は住宅地を走り、終点南巽へ。この先を進むと、谷町線平野につながるが、延伸の可能性はなさそうである。

通し運転、ワンマン運転が基本

千日前線の列車はすべて野田阪神—南巽間の運転である。

2014年、全駅にホームドアを設置。併せてホーム側の既設柵も大型化することで、乗客の線路内立ち入りや人身事故の防止に努めた。

さらにワンマン運転化のため、25系のリニューアルのほか、全駅ホームにミラーを設置し、運転士の安全確認を補助するなど、万全の態勢を整え、2015年1月13日(火曜日)からATOによるワンマン運転化が開始された。乗降用ドアの開閉は運転士が行なう。

千日前線

正式路線名	大阪市高速電気軌道第5号線
区間	野田阪神—南巽
営業キロ	12.6キロ
駅数	14
保安装置	CS−ATC、ATO
軌間	1435ミリ(標準軌)
電化方式	直流750ボルト　第3軌条式
車両基地	森之宮検車場
在籍車両	25系：17編成68両

堺筋線

関西初の大開口ホームドアを導入

　堺筋線は天神橋筋六丁目—天下茶屋間を結ぶ路線で、Osaka Metroの地下鉄路線では最短の8.5キロである。全線地下で天神橋筋六丁目と動物園前—

大阪市交通局時代の堺筋線堺筋本町。

天下茶屋はホームの先に検車施設を設けた。

天下茶屋間は剛体架線、それ以外は添線式コンパウンドカテナリー吊架線に分けた。

　車両基地は阪急京都本線相川—正雀間に東吹田検車場を設けた。他社線に地下鉄の車両基地を設けるのは、東武鉄道の西新井電車区を譲り受けた営団地下鉄日比谷線の竹ノ塚検車区（現・千住検車区竹ノ塚分室）以来2例目である。

　2020年から3年かけて堺筋線全駅にホームドアが整備された。その際、Osaka Metroと阪急の車両はドアピッチが異なるため、東京メトロが開発した大開口ホームドアを導入した。

　Osaka Metroによると、元々、阪急車の車体長の標準が18.4メートル（注：3300系は18.3メートル）の3ドア車、大阪市交通局の車体長の標準が30系で確立した18メートルの4ドア車であり、相互直通運転に向けて阪急車に合わせるよう検討した結果、60系を18.2メートルの3ドア車とした。その際の設計思想により、阪急車とは若干ドアピッチが異なる結果になったという。66系もその流れを受け継いでいる。

　なお、TASCは導入されていない。

全線にわたり御堂筋線のバイパスを兼ねる

　起点の天神橋筋六丁目は「天六」の略称で親しまれている。駅自体は阪急千里線天神橋の移転改称で、併せて大阪市交通局管理駅に変更された。ちなみに所在地は大阪市北区浪花町である。

　天神橋筋六丁目を発車すると、公道の天神橋筋に進路をとり、南森町を過ぎると、堺筋線の由来となった公道の堺筋を横切る。堂島川と土佐堀川を我が国の地下鉄では初の沈埋工法（あらかじめ製作した沈埋函を川底や海底に掘り込んだ溝に埋めて連結し、埋め戻してトンネルを作ること）によるトンネルを通り、堺筋に合流すると北浜へ。御堂筋線淀屋橋駅へは500メートルと近く、ここから先は御堂筋線に並行する。

　堺筋線は御堂筋線の混雑緩和も兼ねており、堺筋本町は本町、長堀橋は心斎橋、日本橋はなんば、恵美須町は大国町というふうに、御堂筋線の駅へは、1本の道で行けるようになっている（恵美須町を除き、Osaka Metro各線に乗り換え可）。

　恵美須町駅前の恵美須交差点で堺筋が終わり、ようやく御堂筋線に合流すると動物園前へ。

　ここから先は乗客の減少が続いていた南海天王寺支線（天王寺―天下茶屋間2.3キロ）の代替、御堂筋線の混雑緩和も兼ねた区間で、延伸工事前に重複する今池町―天下茶屋間1.1キロを1984年11月18日（日曜日）付で廃止。その下に堺筋線の地下トンネルを建設することになった。ただ、天王寺支線は単線のため、地下トンネルの一部は2層式となり、上段は下り天下茶屋行き、下段は上り天神橋筋六丁目方面行きが走行する。

豊臣秀吉が利用した茶亭が駅名の由来だという終点天下茶屋は、南海本線の高架化工事と同時に施行したことから、コンコースを共通化し、真上に南海、真下に堺筋線のホームを設けることで乗り換えがしやすいよう利便性を整えた。

　堺筋線ホームは2面3線で、1番線は降車専用でラッシュ時のみ使用。また、天下茶屋から先も線路が延び、検車施設を設けている。阪急で不測の事態が発生し、東吹田検車場に入庫できない場合に備え、列車検査ができるようにするためだ（天下茶屋延伸前は動物園前にも同様の施設を備えていた）。

　なお、1993年3月4日（木曜日）に動物園前—天下茶屋間1.5キロが延伸開業したことで、天王寺支線天王寺—今池町間1.2キロは4月1日（木曜日）付で廃止された。

》 阪急との直通運転が基本 《

　堺筋線は、天神橋筋六丁目—天下茶屋間の線内運転のほか、高槻市・北千里—天下茶屋間の阪急直通列車が主軸。このほか、淡路・茨木市発着列車もあり、大阪府内で完結する列車はすべて各駅停車で運転される。

　東吹田検車場への入出庫を兼ねた列車は下り相川（朝）・天神橋筋六丁目（夕方）—天下茶屋間、上り天下茶屋—正雀間などで運転されている。運転区間が異なるのは、上り列車は終点到着後、回送として折り返さないと入庫できないこと。下り列車は出庫できるのが淡路方面のみという“一方通行”による。

　このほか、阪急車のみによる京都河原町—天下茶屋間の列車もあり、詳細は後述する。

　以前の堺筋線は、入線時は空気笛、発車時は電子警報装置（阪急車は電気笛）を使い分けていたが、現在は基本的にどちらも後者に統一。例外として、運転士実習生には空気笛の使用を指導することもある。

堺筋線	
正式路線名	大阪市高速電気軌道第6号線
区間	天神橋筋六丁目—天下茶屋
営業キロ	8.5キロ
駅数	10
保安装置	WS−ATC
軌間	1435ミリ（標準軌）
電化方式	直流1500ボルト　架空電車線式
車両基地	東吹田検車場
在籍車両	66系：17編成136両

阪急千里線、京都本線

千里線全線と京都本線一部区間で相互直通運転

　堺筋線との相互直通運転は千里線全線と京都本線淡路—高槻市間で、高槻市—京都河原町間は阪急車の片乗り入れ区間である。

　まずは千里線。起点は天神橋筋六丁目で、駅ナンバリングは堺筋線の「K11」を利用。阪急の「HK」を振らないことで煩雑にならないように配慮したものと思われる。

　地上を出て淀川を渡ると柴島へ。付近に京都本線崇禅寺駅があり、次の淡

淡路を発車した千里線の各駅停車。臨時駅の万国博西口は日本万国博覧会開催前の1969年11月10日（月曜日）に開業し、終了後の1970年9月14日（月曜日）付で廃止された。

京都本線総持寺は長らく阪急の独壇場だった。

路で乗り換えると遠回りになる。

　合流すると淡路へ。今や全国的に珍しい平面交差の駅で、大阪梅田・天下茶屋始発とも、高槻市・北千里方面への列車があり、ダイヤ面でも複雑である。現在、京都本線南方―上新庄間、千里線天神橋筋六丁目―吹田（注：東海道本線吹田駅とは所在地が異なる）間で高架化工事が行なわれている。完成後、淡路は方向別の２層式高架になり、平面交差が解消される。

　千里線淡路―関大前間はカーブが多く、平均駅間距離は1.075キロで日中の所要時間は９分に対し、比較的速度が出せる関大前―北千里間は1.45キロ、８分である。

　千里ニュータウン、阪急側の玄関口といえる南千里から2.2キロ地点に万国博西口という臨時駅を設け、日本万国博覧会のアクセス輸送を担っていた。その後、この付近（南千里から1.4キロ地点）に山田駅を新設し、1973年11月23日（金曜日・勤労感謝の日）に開業。のちに大阪モノレール線の駅も開業し、乗換駅となった。

　終点北千里は1967年３月１日（水曜日）の開業時より、日本初の電気製品による自動改札機が導入された駅で名をはせる。

　一方、京都本線は東海道本線にほぼ並行。相互直通運転区間に限定すると、正雀と岸辺、富田と摂津富田、高槻市と高槻は至近距離である。

　正雀は摂津市に所在するが、ホームは岸辺駅が所在する吹田市にまたがっている。摂津市側には正雀車庫のほか、正雀工場とアルナ車両を構える。以前はアルナ車両で御堂筋線10系のリニューアル工事を施行したが、堺筋線66系と顔を合わせることはなかった。

　特急や準特急といった速達列車が設定されているため、途中駅で通過待ち

や待ち合わせを行なうので、天下茶屋—高槻市間の各駅停車は日中でも約50～60分を要する。

高槻市から先は運転本数が減り、阪急車のみの運転に。上牧付近から大山崎にかけてはJR東海の東海道新幹線と並走。大山崎—西

アルナ車両でリニューアル改造中の10系第26編成。

山天王山間の一部は東海道本線に最接近する。

西院付近で地下にもぐり、京都市の中心部へ。にぎやかな街の下を通り、鴨川付近の京都河原町で終点になる。

日中の各駅停車は自社線内と堺筋線直通の交互運転

千里線は天神橋筋六丁目—淡路間を除き、すべて各駅停車。日中の淡路—北千里間は大阪梅田発着と天下茶屋発着の交互運転で、ほかの時間帯は後者が多い。

一方、京都本線淡路—高槻市間の各駅停車も日中は大阪梅田発着と天下茶屋発着の交互運転で、ほかの時間帯は前者が多い。

阪急車のみによる京都河原町—天下茶屋間の列車は、平日のラッシュ時と土休の日中に堺筋準急（通称。列車種別は準急）、朝晩に各駅停車が運転されている。

京都河原町直通列車は1979年3月4日（日曜日）のダイヤ改正で、平日ラッシュ時に堺筋急行の新設が始まり。堺筋線初の8両編成で河原町（当時）—動物園前間を60～70分で結んだ。運転開始当初は5300系の限定運用イコール花形列車だった。その後は運転区間も天下茶屋まで延びた。

2001年3月24日（土曜日）のダイヤ改正で、京都本線の特急の大増発と停車駅の増加により、ダイヤが大幅に刷新。堺筋線直通列車にも波及し、河原町

発天下茶屋行きは従来通りの堺筋急行、天下茶屋発河原町行きは堺筋快速急行(通称。列車種別は快速急行)に変更された。

　さらなる変化が訪れたのは2007年3月17日(土曜日)のダイヤ改正で、列車種別を堺筋準急に変更のうえ、運転区間も大阪府内の茨木市―天下茶屋間に短縮。その後、2010年3月14日(日曜日)のダイヤ改正で、運転区間が高槻市―天下茶屋間に拡大された。

　再び府境をまたぐようになったのは2011年5月14日(土曜日)のダイヤ改正で、土休の日中に河原町―天下茶屋間を設定。このとき平日は高槻市―天下茶屋間のままだったが、2013年12月21日(土曜日)のダイヤ改正で、全列車河原町―天下茶屋間に統一された。

　2019年1月19日(土曜日)のダイヤ改正で、河原町―天下茶屋間の各駅停車を新設。阪急史上最長の鈍行となった。ちなみに、「堺筋各停」とは称さない模様である。

　なお、駅ナンバリングの千里線は柴島のHK－87から始まり、北千里のHK－95まで続く(淡路はHK－63)。一方、京都本線淡路以北は淡路のHK－63から始まり、京都河原町のHK－86まで続く。関西では珍しく、関東方式のハイフンを用いている。

阪急電鉄

路線名①	千里線
区間	天神橋筋六丁目―北千里
営業キロ	13.6キロ
駅数	11
路線名②	京都本線
区間	淡路―京都河原町
営業キロ	41.1キロ
駅数	24
保安装置	ATS
軌間	1435ミリ(標準軌)
電化方式	直流1500ボルト　架空電車線式
車両基地	正雀車庫
在籍車両	3300系：2編成16両
	5300系：3編成18両
	7300系：9編成72両
	8300系：11編成88両
	2代目1300系：16編成128両

注1：京都本線は堺筋線直通列車の運転区間のみ記載。
　　　また、在籍車両は堺筋線直通対応車に限定。
注2：8300系の一部は7300系と混結。

長堀鶴見緑地線

>> スポーツやイベントに縁がある地下鉄 <<

　長堀鶴見緑地線は大正―門真南間15.0キロで車両基地も含め全線地下。次の今里筋線も含め、剛体架線を採用した。全列車ATOによるワンマン運転で、乗降用ドアの操作は運転士が行なう。2010年から1年かけて全駅にホームドアが整備された。

　起点の大正は大阪環状線の乗換駅で、2011年3月12日（土曜日）から快速停車駅になった。また、千日前線と阪神なんば線の桜川駅、南海高野線の汐見橋駅は徒歩圏内である。

　大正はホームの先に引上線を3本構え、折り返し列車のほか、プロ野球の試合など、イベント開催時は大正―心斎橋・横堤間運転の臨時列車を待機させることができる。

　ドーム前千代崎は京セラドーム大阪及びOsaka Metro本社の下車駅。京セラドーム大阪は約18.9ヘクタール中、約4000平方メートルは長堀鶴見緑地線を建設することから、地上権（他人の所有している土地を使う権利）が発生する。

　このため、大阪市交通局は運輸省に心斎橋―大正間延伸の認可申請をする前、大阪ガスなどの土地保有者で組織する岩崎橋地区開発協議会に協議したところ、大阪シティドーム（商号名で、当時のドーム施設の名称）の建設計画が順調に進んでいること、

大正の1番線は乗車用、2番線は降車用。

大阪府門真スポーツセンター。

ホームドアの設置に伴い、隙間を縮小。

大阪市が岩崎橋地区を土地区画整理事業の対象地区に決めたことも重なり、一部のエリアを除き無償に決定。建設費が約70億円も浮いた。

木津川をくぐると、長堀鶴見緑地線の由来のひとつとなった公道の長堀通へ。心斎橋は御堂筋線と四つ橋線四ツ橋駅のあいだに設けたことで、心斎橋と四ツ橋は同一駅扱いとなった。また、引上線が2か所あり、いずれも臨時列車の折り返しや待機に備えている。

心斎橋駅前の新橋交差点から国道308号線長堀通へ。その後も堺筋線、谷町線を横断する。玉造は大阪環状線の乗換駅で、大正—玉造・森ノ宮間はショートカットできる。ただ、大阪環状線の玉造駅まで少々歩く。

玉造駅前の玉造交差点で国道308号線長堀通を離れ、森ノ宮まで大阪環状線に並行。大阪ビジネスパークは地下4階、地下32.5メートル地点にホームがあり、世界初の三連型泥水式マルチフェースシールド掘進機を使用し、駅を建設した。

大阪環状線と京阪本線が集う大阪のサブターミナル的存在の京橋から先は、住宅地やショッピング施設沿いに進む。蒲生四丁目は今里筋線と交差し、日本で唯一のリニアメトロ同士の乗換駅である。

長堀鶴見緑地線の由来のもうひとつである鶴見緑地は、鶴見緑地公園の最寄り駅で、1号出入口は地下鉄とは思えないほどの広大な駅舎とエントランスを構える。鶴見緑地公園の下には鶴見検車場があり、車庫を地下式、検査棟部を掘割式としている。

　鶴見緑地―門真南間は地下鉄緊急整備事業の補助対象第1号で、自治省（現・総務省）が1994年2月8日（火曜日）に創設してから、わずか5日後の2月13日（日曜日）に延伸が決定した。

　終点門真南は1997年の大阪国体のメイン会場となった大阪府立門真スポーツセンターの最寄り駅。2029年には大阪モノレール線の駅が開業予定で、乗換駅となる。

　なお、2004年8月9日（月曜日）の近畿地方交通審議会で、大正―鶴町間5.5キロを「京阪神圏で中長期的に望まれる鉄道ネットワークを構成する新たな路線」と位置づけたが、現在は白紙である。

》》 定期列車は通し運転が基本 《《

　定期列車は大正―門真南間の通し運転が基本。鶴見検車場への入出庫列車として、大正―横堤間が設定されている。横堤は上下線とも直接入出庫できるのに対し、鶴見緑地は鶴見検車場内の線路で進行方向を変えてから入出庫する。

　臨時列車は大正―心斎橋・横堤間に設定されている。京セラドーム大阪でのプロ野球開催時が中心で、本拠地とするオリックスバファローズ、春と夏に阪神タイガース、夏頃と2020年の日本シリーズに巨人の主催試合が行なわれている。

　長堀鶴見緑地線以外では、過去に南海ホークスの大阪球場（なんば下車）、近鉄バファローズ（のちの大阪近鉄バファローズ、オリックスバファローズ）の準本拠地といえた日本生命球場（森ノ宮下車）の観客アクセス輸送がある。

　また、なんば最寄りの大阪府立体育会館（エディオンアリーナ大阪）は毎年3月に大相撲春場所が開催されるので、御堂筋線、四つ橋線、千日前線は観客アクセス輸送を担う。

長堀鶴見緑地線	
正式路線名	大阪市高速電気軌道第7号線
区間	大正―門真南
営業キロ	15.0キロ
駅数	17
保安装置	CS－ATC、ATO
軌間	1435ミリ（標準軌）
電化方式	直流1500ボルト　架空電車線式
車両基地	鶴見検車場
在籍車両	70系：25編成100両
	80系：1編成4両

今里筋線

地下鉄のローカル線

　今里筋線は井高野（いたかの）—今里間11.9キロで、車両基地も含め全線地下である。開業当初からホームドアを完備、運転士が乗務するワンマン運転で、TASCを採用した。

　最大の特徴は日本の地下鉄では初めて、その都市の都心部、中心部を通らないこと。「地下鉄のローカル線」と言えよう（同様の地下鉄路線は、ほかに横浜市交通局グリーンラインがある）。今里筋線は大阪市東部の鉄道空白地

21世紀初の新規路線開業となった今里筋線。大阪の地下鉄では初めてホームドアを整備し、既設駅に導入するきっかけにもなった。全駅の設置は2025年度の完了を目指している。

域での利便性向
上、都心部から放
射状に整備され
た路線の混雑緩
和がおもな役割
である。

　起点の井高野
は大阪市東淀川
区に所在する住
宅地で、御堂筋線
では鉄橋を渡る
神崎川と淀川を

今里から先は延伸を前提としたつくりに映る。

シールドトンネルでくぐる。淀川の途中で守口市に入り、太子橋今市で谷町
線と交差。京阪本線をくぐり、清水5交差点を走行中、大阪市に戻る。
Osaka Metroで一旦大阪市を離れる唯一の路線でもある。

　清水は鶴見緑地北車庫へ入出庫する回送線があり、乗務員の交代が行なわ
れることも。いわば今里筋線の中枢を担う駅でもある。

　新森古市—関目成育間で再び京阪本線をくぐり、谷町線に合流するも、そ
れを横切り、関目成育へ。京阪本線〔関目駅〕の乗換駅で発車すると、みた
びくぐる。地下なので車窓は味わえないが、今里筋線最大の見どころと言え
よう。

　関目成育から先はすべて大阪都心に直結する路線の乗換駅で、蒲生四丁目
駅前の蒲生4交差点から、今里筋線の由来となった公道の今里筋へ。その途
中の今里が終点である。

》》 日中は10分間隔で通し運転が基本 《《

　今里筋線は井高野—今里間の通し運転が基本で、日中は10分間隔。高頻度
運転がウリの地下鉄では長い。ラッシュ時は5分間隔である。御堂筋線新大
阪—天王寺間は日中でも4分間隔なので、利用客の少なさを表している。

　鶴見緑地北車庫の入出庫列車として、井高野—清水間、清水—今里間があ

り、本数は清水で折り返さなくてもいい前者が多い。

　なお、鶴見緑地北車庫は鶴見検車場につながっており、全般検査など大掛かりな検査などを行なう。

今里筋線延伸のカギを握る、いまざとライナー

　今里筋線開業前の2004年8月9日(月曜日)、近畿地方交通審議会で、残りの今里筋を網羅する今里—湯の里6丁目間6.7キロを「京阪神圏で中長期的に望まれる鉄道ネットワークを構成する新たな路線」と位置づけた。大阪市は検討したが、2005年に關淳一市長が採算性などを理由に着工延期を明言し、事実上凍結した。

　大阪市は1日約12万4000人の利用を見込み、2006年12月24日(日曜日)に今里筋線が開業。しかし、利用客数は1日約3万7000人にとどまってしまう。2011年度には1日約6万人に増えたものの、当初の需要を下回っていることに変わりなく、今里—湯の里6丁目間の延伸は厳しい状況だ。

　その後、自由民主党の大阪市議団が大阪市交通局の民営化に賛成する条件として、今里筋線延伸に関し、BRT(Bus Rapid Transit：バス高速輸送システム)による社会実験を求めたところ、吉村市長が受け入れた。

　今里筋線延伸部における需要の喚起と創出、鉄道代替の可能性を検証するため、2019年4月1日(月曜日)から大阪シティバスの運行委託によるBRT、いまざとライナーの運行を開始。地下鉄今里—JR長居駅前間の長居ルート、地下鉄今里—あべの橋間のあべの橋ルートが設定された。2024年頃にはその効果を検証し、今後の方向性を決めるものと思われる。

今里筋線

正式路線名	大阪市高速電気軌道第8号線
区間	井高野—今里
営業キロ	11.9キロ
駅数	11
保安装置	CS−ATC、TASC
軌間	1435ミリ(標準軌)
電化方式	直流1500ボルト　架空電車線式
車両基地	鶴見緑地北車庫
在籍車両	80系：16編成64両

南港ポートタウン線

Osaka Metro唯一の地下鉄ではない鉄道

　大阪市交通局は路面電車、地下鉄、トロリーバスに次ぐ"第4の鉄道"として新交通システムを導入することになった。1978年にその愛称を公募し、10274通、5516種類の中から「ニュートラム」に決定。路線名は「南港ポートタウン線」である。地下鉄と同じ運賃を適用することで、乗りやすい環境を整えた。

また、1981年3月16日（月曜日）の開業時からスクリーンタイプのホームドアが整備されている。

　南港ポートタウン線はコスモスクエア—住之江公園間7.9キロ。起点のコスモスクエアは地下駅で、駅ナンバリングは「P09」である。コスモスクエア—中ふ頭間は大阪港トランスポートシステム南港・港区連絡線として開業したが、先述の経緯でコスモスクエア—トレードセンター前間は大阪市交通局が第2種鉄道事業者、大阪港トランスポートシステムが第3種鉄道事業者に。軌道法が適用されているトレードセンター前—中ふ頭間は大阪市交通局が譲受した。

住之江公園のホームからボートレースを眺める。

運がよければ、ツーショット撮影ができる。

コスモスクエアを発車すると43パーミルの急勾配を登りながら地上にあがり、トレードセンター前を出ると、今度は35パーミルの急勾配を登る。冬季の積雪や凍結を防止するため、ロードヒーターを設置し、立往生しないようにしている。

中ふ頭はホームから、さんふらわあ(フェリー)や、わずかながら南港検車場が眺められる。ここからフェリーターミナルまでは大阪市交通局初の地方鉄道法(現在の鉄道事業法、第1種鉄道事業者)が適用された。

南港エリアの住宅地を通り、阪神高速4号湾岸線に合流すると南港大橋へ。2層構造で、上は阪神高速4号湾岸線、下は南港ポートタウン線である。

南港大橋を渡り終えると人工島から"大阪本土"へ。フェリーターミナルから先は軌道法が適用されている。沿線はトラックターミナルや物流関連の施設が広がっている。

平林付近から車窓は住宅地に変わり、終点住之江公園へ。ホームから住之江ボートレース場が眺められる。また、平均駅間距離が0.8キロなので、駅によってはホームから隣の駅も眺められる。

無人運転が基本

南港ポートタウン線はATOによる完全無人運転で、輸送指令所(南港指令)で集中制御されている。先頭車の最前列は事実上の展望席で、家族連れやレールファンにとっては"「早い者勝ち」という名のあこがれのマト"である。

運転区間は全線の通し運転が基本で、平日の朝ラッシュ時は2〜3分間隔、夕ラッシュ時は3〜4分間隔で運転される。

南港検車場の入出庫を兼ねた列車はコスモスクエア—中ふ頭間、中ふ頭—住之江公園間で運転されている。特に前者の距離はわずか1.3キロで、Osaka Metroでは最短距離の旅客列車である。

南港ポートタウン線

正式路線名	大阪市中量軌道南港ポートタウン線
区間	コスモスクエア—住之江公園
営業キロ	7.9キロ
駅数	10
保安装置	CS−ATC、ATO
軌間	1600ミリ
電化方式	三相交流600ボルト　剛体3線式
車両基地	南港検車場
在籍車両	200系:20編成80両

第3章

Osaka Metroを走る
現役車両と保存車両

Osaka Metroは大阪市営地下鉄の時代から、機能性を重視し、
各路線の特性に合ったものを採り入れている。
現役車両、保存車両のほか、北急、近鉄、阪急の
直通車両も併せて御紹介しよう。

御堂筋線 30000系／21系

30000系（31系）

"新生10系"を思わせる顔立ち

　長年にわたり"御堂筋線の顔"として親しまれた10系の置き換え用として、2011年5月に登場し、12月10日（土曜日）にデビュー。2008年に登場した谷町線用をベースにマイナーチェンジを行なった。

　特徴として、先頭車前面のブラックマスクの下部は弧を描くことで円形状に。カラーリングも御堂筋線のラインカラーであるクリムゾンレッドをベースに、ホワイトとピンクのアクセントカラーを添え、華やかな雰囲気を演出している。車体上部もラインカラーに加え、ホワイトを添えた。

　デジタル方向幕は当初から、先頭車前面をフルカラーLED、車体側面を3色LEDに分け、客室の内装パネルに御堂筋（公道）のイチョウや銀杏のモチーフを散りばめたことで、親しみやすさを加えている。

　このほか、LCD式の旅客情報案内装置は1画面のままながらサイズを拡大、一部のロングシートの配置を160ミリ変えることで、乗降用ドア脇の空間を500ミリ確保し、大型の荷物が置きやすいようにした。

　運転性能も最高速度70km

御堂筋線の新時代を担う30000系の第4編成以降は、"実質量産車"と言える。10系を置き換えたことで、Osaka Metroの車両はVVVFインバータ制御に統一された。

／h（設計速度95km／h）のままながら、加速度は谷町線用の2.5km／h／sから2.8km／h／sに若干向上した。歴代御堂筋線車両の10系や21系と同じ3.0km／h／sに切り替えることも可能である。

　車両番号の千の位は、正式路線名の大阪市高速電気軌道第1号線を表す1で、御堂筋線用を表す。各車両の百の位の配置は21系を踏襲した。

増備途中で設計変更が度々発生

　御堂筋線用の30000系は増備途中での設計変更が多く、第3編成の6・10号車にシャープのプラズマクラスターを試験搭載すると、第4編成以降は各車両に標準搭載することになった。

　これを機にインテリアデザインを大幅に見直し、化粧板を白色系に、床は御堂筋のイチョウ並木を表現したものにそれぞれ刷新。LCD式の旅客情報案内装置を2画面化して、デジタルサイネージ（広告）や天気予報も表示し、情報量を大幅に増やした。

　ロングシートも新幹線のグリーン車のシートを通勤形電車用にアレンジし、低反発素材を導入したものに一新。併せて通勤形電車では初めて、座席下に足元照明を採用した。袖仕切りもガラス張りにしてさらに高く、室内灯の半間接照明化、調光調色化など、快適性の向上を図った。

　特に室内灯の午前は電球色、白色、昼白色、午後は昼白色、しだれ桜（鉄道車両では新色）、ソメイヨシノ、電球色の"継投"とした。

　6号車の女性専用車両は、ほかの車両とは配色を変えることで明確化したほか、荷棚の高さを100ミリ低くした。吊り手の配置や高さを見直し、握り棒も増設して安全性のさらなる向上を図っている。

　第10編成以降、運転台のハンドルを横軸式のツーハンドルから、両手操作式のワンハンドルマスコンに、車両連結部の貫通扉も全国標準と化したガラス張りに変更。車内に防犯カメラが新設された。

10系をすべて置き換えた理由

　御堂筋線用の30000系は当初12編成120両を投入し、10系（電機子チョッパ

制御車)のみを置き換え、10A系(電機子チョッパ制御からVVVFインバータ制御に換装された車両)は続投の予定だった。

　計画に変更が生じるきっかけは、ホームドア設置工事の前倒しを決めたこと。2015年２月に天王寺、３月に心斎橋で設置された。

　その後、10A系はホームドアに対応するための車両改造のボリュームが大きくなること、改造工期の確保が困難であったこと、30000系に置き換えると低床化車両が増えることなどにより、10系の完全引退及び30000系10編成100両の追加増備が決定した。

　なお、御堂筋線用30000系の第１～12編成は2011年５月から2019年６月まで８年かけて投入というスローペースだったが、第13～22編成は2019年11月から2022年６月まで３年かけて投入というハイペースになった。

21系

新20系では“脇役”の車両

　新20系の御堂筋線バージョンである21系は、第58代横綱千代の富士が引退を声明した1991年５月14日(火曜日)に営業運転を開始。当初は９両編成だった。1990年に投入された谷町線用の22系、四つ橋線用の23系、1991年に投入された千日前線用の25系と異なるのは、加速度を2.5km／h／sから10系と同じ3.0km／h／sに引き上げたこと、電動発電機容量が異なること以外は同じである。

　わずか２年で30系の置き換えが完了し、御堂筋線の冷房化率100％を達成した。1995年の第14編成から10両編成として増備され、既存編成は1996年に2500形を増結して10両編成となった。

　その後も輸送力増強、10

新20系では３番手の21系。先頭車前面の車両番号の大きさを見直し、以降標準となる。なお、21系、22系、24系の側窓はカーテンつき、23系、25系はカーテンなしである。

系のリニューアルに伴う予備車確保で増備が続き、1998年まで18編成180両が投入された。また、第16編成から3色LED式の旅客情報案内装置が設置され、のちに第1〜15編成にも追設された。

2012年から9年かけてリニューアル

　2012年より全編成を対象にリニューアルを実施。車体のブラスト洗浄、VVVFインバータ制御の素子をGTO（Gate Turn-Off thyristor）からIGBT（Insulated Gate Bipolar Transistor：絶縁ゲート型バイポーラートランジスター）に換装、途中から運転台のワンハンドルマスコン化、車体側面は30000系に準じた号車表示及び、上部にも帯の貼付が行なわれた。

　2014年度のリニューアル車から旅客情報案内装置のLCD化（2018年度竣工のリニューアル車から大型ビジョンに変更）、2018年度から全編成にTASCの整備が行なわれ、全駅のホームドア設置による停止位置の精度向上を図る。

　その後、既存のリニューアル車も含め、前部標識灯をシールドビームからLED（10系も含め、シールドビームとほぼ同じ色）に換装され、2021年でリニューアルが完了した。

御堂筋線30000系（31系）

← なかもず　　　　　　　　　　　　　　　　　　　　　　　　千里中央 ➡

号車	1号車	2号車	3号車	4号車	5号車	6号車	7号車	8号車	9号車	10号車
形式	30900形	30200形	30300形	30500形	30800形	30400形	30700形	30100形	30000形	30600形
車種	Tec2	Ma2	Mb2	T	T´	Mb1´	Te	Mb1	Ma1	Tec1
備考	なし			弱冷車	なし	女性専用車両	なし			

御堂筋線21系

← なかもず　　　　　　　　　　　　　　　　　　　　　　　　千里中央 ➡

号車	1号車	2号車	3号車	4号車	5号車	6号車	7号車	8号車	9号車	10号車
形式	2900形	2200形	2300形	2500形	2800形	2400形	2700形	2100形	2000形	2600形
車種	Tec2	Ma2	Mb2	T	T´	Ma1´	Tbp	Mb1	Ma1	Tec1
備考	なし			弱冷車	なし	女性専用車両	なし			

女性専用車両は平日終日。
弱冷車：「弱冷房車」と同様、車内温度を高めに設定している。

北急
8000形／9000形

8000形ポールスター号

"隔世の感"が強調された魅惑の通勤形電車

　北急は1970年2月24日（火曜日）の開業時、30系そのもののセミステンレス車7000系、アルミ車8000系、それに準じたセミステンレス車の2000系が活躍していた。

　日本万国博覧会終了後、7000系、8000系は大阪市交通局に移籍。2000系は引き続き自社車両として従事していたが、1987年4月18日（土曜日）の御堂筋線あびこ—なかもず間の延伸開業に向けて、オリジナルの新型車両を導入する運びとなった。それが8000形ポールスター号で1986年に登場した。

　第3軌条車両では初めてアルミの塗装車体となり、アイボリーホワイトをベースに、マルーンとファインレッドの帯を巻く。

　このほか、運転台の速度計をデジタル数字化、冷房装置の搭載、VVVFインバータ制御の採用、通勤形電車では初の車両連結部（妻面）にタッチ式自動ドアを導入、インテリアのグ

東三国を発車した千里中央行き終電。この先、朝まで列車が通らないので、最後尾車両は前照灯、尾灯とも点灯する。

レードアップ、「ポールスター号」という車両愛称も相まって、明るく快適で魅力的な車両に仕上がった。1987年には鉄道友の会ローレル賞を受賞。1996年まで7編成70両を投入した。

9000形POLSTAR Ⅱの登場で、4編成が廃車されたものの、現在も古さを感じさせない。

9000形POLSTAR Ⅱ

≫ Osaka Metro30000系に準じた車両 ≪

2014年1月に登場した北急の第3世代車両で、ステンレス車体、冷房装置をやや中央寄りに配置、側面の大型1枚窓化、床面高さを1190ミリから1150ミリに下げた点などはOsaka Metro30000系と共通している。先頭車の前面は光によるリフレクション効果を取り入れ、立体感のあるデザインとした。

デジタル方向幕はフルカラーLED、灯具はすべてLED化し、特に室内灯は調光調色機能をつけ、白色と電球色がライティングできる。主電動機はメンテナンスの負担を低減させる永久磁石同期電動機を採用した。8000形ポールスター号は5M5T（Mは電動車、Tは付随車で数字は両数）に対し、9000形POLSTAR Ⅱは4M6Tになり、約25％の消費電力低減を図った。

ロングシートは着座幅460ミリで長い座席は6人掛けを堅持、乗降用ドア上のLCD式旅客情報案内装置は19.2インチの2画面式、15インチの1画面式を交互に配した。車両連結部は引き続きタッチ式自動ドアである。

運転台は北急初のワンハンドルマスコンで、

箕面ラッピングトレインの左側は「箕面四季彩もみじ号」、右側は「ゆずるとモミジーヌ仲良しトレイン号」。

北急によると、竹林ラッピングは期間限定の予定だったという。現在も続いているが、今後については未定の由。

速度計は指針式に変更された。

当初はステンレス車体の地肌を強調していたが、第3・4編成は竹林をテーマにしたフルラッピングに変更。併せて「POLSTAR Ⅱ」エンブレムのサイズを1.3倍に、車内のカーテンもベージュから6号車のみ紅梅色系、そ

れ以外は若竹色系に変更された。

　2023年5月、箕面萱野延伸用として6年ぶりに増備され、第5〜7編成のエクステリアデザインは再びステンレス車体の地肌を強調した。また、1・2・9・10号車にフルラッピングを施し、「箕面ラッピングトレイン」として2023年8月1日(火曜日)から順次運行を開始(動画URL: https://youtu.be/qOuu2B8OuLw)。2025年3月末までの運行を予定している。

北急8000形ポールスター号

号車	1号車	2号車	3号車	4号車	5号車	6号車	7号車	8号車	9号車	10号車
形式	8900形	8800形	8700形	8600形	8500形	8400形	8300形	8200形	8100形	8000形
車種	Tc2	M2	M1	T	Té	M2´	M1	Te	M0	Tc1
備考		なし		弱冷車	なし	女性専用車両		なし		

← なかもず　　　千里中央 →

北急9000形POLSTAR Ⅱ

号車	1号車	2号車	3号車	4号車	5号車	6号車	7号車	8号車	9号車	10号車
形式	9900形	9800形	9700形	9600形	9500形	9400形	9300形	9200形	9100形	9000形
車種	Mc2	Tp	Te	T2	M1	M2	T1	Te	Tp	Mc1
備考		なし		弱冷車	なし	女性専用車両		なし		

← なかもず　　　千里中央 →

女性専用車両は平日終日。

Osaka Metro
Daikenkyu **3-3**

谷町線
22系／30000系

═══ 22系 ═══

▶▶ 生え抜きと転属が混在する谷町線の主力車両 ◀◀

　22系は新20系の標準タイプである。車両番号の千の位は、正式路線名の大阪市高速電気軌道第2号線を表す2で、谷町線用を表す。1996年まで19編成114両が投入され、50系と30系の一部を置き換え、谷町線の主力車両に躍進した。

　その後、2004年から2006年にかけて、けいはんな線開業に伴う車両の高速化改造（最高速度を70km／hから95km／hに引き上げなど）に伴い、谷町線2代目20系第31〜39編成と中央線24系第5〜11・51・52編成の交換トレードを実施。24系は抑速ブレーキの撤去、帯の張替えにより、22系に編入された。

　特に24系第51・52編成改め22系第62・63編成は元大阪港トランスポートシステムOTS系で、シートモケットはブルーのまま。先頭車前面のフロントガラスの周囲はブルーとスカイブルーからダークウォームグレーに塗装変更された。

左側は生え抜き、右側は元OTS系。新20系の転属に際しては、50番台に振ることで、わかりやすくした。

85

元24系第11編成の22系第61編成。方向幕を白幕にすることで、日焼けによる行先表示幕の劣化を防ぐ。

2018年1月には四つ橋線23系のホームドア対応工事に伴う予備車確保のため、22系第6編成が四つ橋線にコンバート。リニューアルの上、23系第56編成として再出発。また、2022年から2023年にかけて、中央線の車両更新に伴い、残りの24系第1〜4編成も谷町線にコンバートされる予定だ。

2011年から22系のリニューアルが始まり、VVVFインバータ制御の換装、エクステリアを30000系に準じたデザインなどに変更されている。また、後年から運転台がワンハンドルマスコン化された。ただ、全編成の施行には至らず、第55編成は2023年8月22日（火曜日）付で廃車された。

30000系（32系）

基本的に仕様は同じ

30000系の先陣を切ったのは谷町線で、2008年から2013年まで13編成78両投入され、30系を置き換えた。御堂筋線用は増備中から変更点が度々発生したのに対し、谷町線用は2010年の量産車から前面のデジタル方向幕を3色LEDからフルカラーLED、2012年の第8編成から袖仕切りの保護棒を1段から2段、吊り手の増設が行なわれた。ほかは試作車から変わっていない。

アクセントカラーは22系のホワイトに加え、薄いパープルを追加。側面は上からロイヤルパープル、ホワイト、薄いパープルの順で、東京メトロ08系を彷彿させる。

30000A系が谷町線に転属されると22系の一部を置き換え

2022年4月に30000A系が登場。車両番号の千の位は2で谷町線用を示すが、2025年日本国際博覧会のリリーフ車両のため、当面は中央線で運用される。終了後は順次、谷町線に移り、22系の一部を置き換える。

将来、谷町線用30000系は計23編成138両の

谷町線用の30000系は22系とは異なり、側窓のカーテンが省略された。後述の30000A系も同様である。

陣容となる。こちらも22系と同様、生え抜きと転属が混在する。

谷町線30000系（32系）

⬅ 八尾南　　　　　　　　　　　　　　　　　　　　大日 ➡

号車	1号車	2号車	3号車	4号車	5号車	6号車
形式	30600形	30100形	30800形	30300形	30200形	30900形
車種	Tec1	Mb1´	T´	Mb2	Ma2	Tec2
備考	なし		女性専用車両	なし	弱冷車	なし

谷町線22系

⬅ 八尾南　　　　　　　　　　　　　　　　　　　　大日 ➡

号車	1号車	2号車	3号車	4号車	5号車	6号車
形式	2600形	2100形	2800形	2300形	2200形	2900形
車種	Tec1	Mb1´	T´	Mb2	Ma2	Tec2
備考	なし		女性専用車両	なし	弱冷車	なし

女性専用車両は平日初電から9時まで。

四つ橋線
23系

23系

▷ 出戻りの車両も ◁

　23系は1990年に登場。車両番号の千の位は、正式路線名の大阪市高速電気軌道第３号線を表す３で、四つ橋線用を表す。住之江公園は住之江ボートレース場の最寄り駅で、競艇開催時は混雑時の乗降分離を図るため、１・２号車の乗降用ドアのみ開閉できるスイッチを設けた。1997年まで22編成132両が投入され、30系を置き換えた。

23系は2012年度からリニューアルがスタート。転属や出戻りはリニューアル済みに対し、生え抜きは現在もオリジナルスタイルを保つ編成が見られる。ある意味、過渡期といえる。

　当初は５両編成だったが、輸送力増強のため、1996年の第19編成から2800形を増結した６両編成になった。既存編成も1996年11月から1997年３月まで増結されたことで、22系、23系、24系はすべて６両編成になった。これが数奇な運命をもたらすことになる。

　その始まりは2013年３月23日（土曜日）のダイヤ改正で、23系の車両運用を見直し、１編成が余剰となった。その方向性を協議したところ、第６編成を中央線にコンバートすることになった。リニューアルや高速化改造を受け、2014年に24系第56編成として再出発を果たす。

　2018年１月には、四つ橋線のホームドア設置に伴う車両改造に伴い、23系の予備車を確保することになり、先述の22系第６編成に白羽の矢を立てた。

　さらに中央線の車両更新で、24系第56編成が四つ橋線に復帰することになり、2022年に23系第６編成が復活。23系は生え抜き22編成、転属１編成の計23編成が在籍する。

四つ橋線23系

← 住之江公園　　　　　　　　　　　　　　　　　　　　　　西梅田 ⇒

号車	1号車	2号車	3号車	4号車	5号車	6号車
形式	2900形	2200形	2300形	2800形	2100形	2600形
車種	Tec2	Ma2	Mb2	T´	Mb1´	Tec1
備考	なし				弱冷車	なし

中央線
20系／24系／30000A系／400系

2代目20系

終焉近づく最後の昭和車両─2代目20系フォーエヴァー─

　2代目20系は1984年に登場し、1989年まで中央線用の第1～7編成、谷町線用の第31～39編成の計16編成96両が投入された。中央線用は抑速ブレーキを搭載した以外は仕様が同じである。

　大きな転機が訪れたのは、けいはんな線の開業に伴い、中央線車両の高速化改造が決まったこと。2代目20系はVVVFインバータ制御の更新時期にさしかかっていたこともあり、第31～39編成を中央線に転属した。併せて車椅子スペースや3色LED式の旅客情報案内装置を設置、けいはんな線内のワンマン運転対応、最高速度を70km／hから95km／hに、加速度を2.5km／h／sから3.0km／h／sにそれぞれ引き上げ。第31～39編成については抑速ブレーキも搭載された。なお、改番はされていない。

　2代目20系は長年にわたり"中央

初代、2代目とも20系は「新しい制御装置を採用」という共通点がある。2代目20系は意外にも10系、新20系などとは異なり、抜本的なリニューアル改造を受けていない。

線の顔"として君臨したが、2014年8月25日（月曜日）に試作車が廃車。2022年8月1日（月曜日）から車両更新により、量産車の廃車が始まった。2023年度中の引退を予定しており、昭和に登場した車両が鉄路から姿を消す。

24系

新20系初の運用撤退が近づく

2代目20系の"弟分"といえる24系は1991年に登場。車両番号の千の位は、正式路線名の大阪市高速電気軌道第4号線を表す4で、中央線用を表す。1995年まで11編成66両を投入し、30系と50系を置き換えた。また、新20系では唯一、抑速ブレーキを搭載した。

新20系で最少だった24系。生え抜きは11編成66両で、両数は25系の68両をわずかに下回っていた。

その後、大阪港トランスポートシステムOTS系が24系に編入され、13編成となったが、先述の高速化改造に伴い第5編成以降が転属した。残る第1～4編成は高速化改造を受け、最高速度を70km／hから95km／hに、加速度を2.5km／h／sから3.0km／h／sにそれぞれ引き上げた。

2014年に四つ橋線23系第6編成が転属し、24系は第1～4・56編成の布陣に。生え抜きの第1～4編成は2014年から2016年にかけてリニューアルされた。

2022年から中央線の車両更新が始まると、生え抜きは谷町線へ順次、転属。転属車は四つ橋線に戻った。2023年8月末時点、2編成が在籍する。

30000A系

中央線のリリーフ車両

　2022年4月に登場し、年度内に10編成60両が投入された。再三述べたとおり、2025年日本国際博覧会の輸送力増強用で、終了後は谷町線に移る。

　30000A系は御堂筋線用の30000系を改良した車両で、エクステリアはこれまでの鉄道車両にはない3色のスパークルドットを用いた。ホワイトは街ゆく人々、アースグレイは街並み、スペクトリウムグリーンは中央線のラインカラーを表す。帯のゴールドは未来社会で、明るく楽しい雰囲気を演出している。

　台車は第3軌条用の空気バネ台車から、ボルスタレス台車に変更。また、新20系、66系から続いたVVVFインバータ制御のロゴも省略された。

　インテリアは通路、袖仕切り、乗降用ドア、車両連結部の貫通扉にスパークルドットをちりばめたほか、すべての乗降用ドアのドアレールに若干の切り欠き加工を2つ施し、車椅子やベビーカーが乗降しやすいようにした（参考までに東京メトロ17000系、18000系はフリースペース近傍の乗降用ドアのみ完全な切り欠き加工を2つ施す）。御堂筋線用と同様に大型の荷物が置きやすいスペースを設けた。

　空気清浄機はパナソニックのナノイーに、ロングシートの形状は谷町線用に準じ、荷棚は100ミリ低くすることで載せやすくした。また、車内にWi-Fiを導入した。

　運転台は両手操作型のワンハンドルマスコンで、抑速ブレーキやATO出発ボタンを設けた。なお、今後のATO運転については明らかにしていない。

30000A系と400系のフルカラーLEDは、シャッター速度2000まで鮮明に写る。

400系

中央線のニューヒーロー

2022年10月に登場。中央線に特化した車両にすることから、高速電気軌道第4号線を意味する「4」を用い、30000系の5ケタから3ケタに短くして、「400系」にした。第3軌条車両では1984年登場の2代目20系以来、38年ぶりにアルミ車体を採用。工業デザイナーの奥山清行氏がデザインを監修し、スタイリッシュな"作品"に仕上がった。

2023年6月24日（土曜日）、森ノ宮で出発式が執り行なわれた（提供：大阪市高速電気軌道）。

先頭車の前面は左右対称で、非常用の貫通扉を左側に設けた。四隅にはLEDの前照灯と尾灯を配置。Osaka Metroでは初めてLED前照灯をホワイトにした（従来は電球色を採用していた）。10系と2代目20系の屋根肩部は丸みを帯びていたのに対し、400系は東京メトロ01系などと同様に、その隅を直線カットした。

デジタル方向幕は前面、側面ともフルカラーLEDを採用。車体側面は横浜市交通局1000形などと同様に、乗降用ドアの周囲にタテの帯を入れることで、乗車口を表す。ロングシートはスペクトリウムグリーン、フリースペース近傍はブルー、クロスシートはグレーを案内している。車内の乗降用ドア付近の床もイエローとスペクトリウムグリーンを用いることで、"ドア付近"であることを明確にしている。

1〜3・5・6号車のロングシートは1席ごとに色分けしたハイバックシートで、4号車はセミクロスシート。車端部はロングシート、それ以外は固定式の1人掛けクロスシート（座席の奥行は575ミリ、座席同士の間隔は315ミリ）で通路幅を確保した。いずれも着座幅は470ミリである。

吊り手は70系、80系、100系、100A系、200系で実績がある関東地方標準の握りやすい三角形を採用。一部を低くすることで、小柄な方にも手が届くようにしている。また、中吊り広告を挟むバインダーを廃した。

　1・6号車にユーティリティースペースを設け、USB専用のモバイル用電源つきカウンターを設置。海外からの乗客に対し規格が合わないことも考えられたため、汎用性が高くタイプCへの変換も可能なタイプAを採用した。

　30000A系を受け継いだ部分として、ワンハンドルマスコン、ボルスタレス台車、大型の荷物が置きやすいスペースの設定、LCD2画面式の旅客情報案内装置、すべての乗降用ドアのドアレールに若干の切り欠き加工を2つ施す、防犯カメラの設置など。また、外幌はこれまで初代100形の安全畳垣をベースに独自開発したものから、一般的なゴム製に変わった。

　注目と期待を集めた400系は2023年6月25日（日曜日）、森ノ宮7時32分発の生駒行きでデビュー。2025年まで23編成138両を投入する。

中央線2代目20系、24系

⬅ 学研奈良登美ヶ丘　　　　　　　　　　　　　　　　　　コスモスクエア ➡

号車	1号車	2号車	3号車	4号車	5号車	6号車
形式	2900形	2200形	2300形	2800形	2100形	2600形
車種	Tec2	Ma2	Mb2	T´	Mb1´	Tec1
備考	なし	弱冷車	なし			

中央線30000A系

⬅ 学研奈良登美ヶ丘　　　　　　　　　　　　　　　　　　コスモスクエア ➡

号車	1号車	2号車	3号車	4号車	5号車	6号車
形式	30900A形	30200A形	30300A形	30800A形	30100A形	30600A形
車種	Tec2	Ma2	Mb2	T´	Mb1´	Tec1
備考	なし	弱冷車	なし			

中央線400系

⬅ 学研奈良登美ヶ丘　　　　　　　　　　　　　　　　　　コスモスクエア ➡

号車	1号車	2号車	3号車	4号車	5号車	6号車
形式	409形	402形	403形	408形	401形	406形
車種	Tc2	M3	Mb2	T2	Mb1	Tc1
備考	ロングシート	ロングシート 弱冷車	ロングシート	セミクロスシート	ロングシート	

近鉄
7000系／7020系

7000系

大手私鉄初の第3軌条車両

東大阪生駒電鉄時代の1984年7月に登場。ク7103＋モ7503＋モ7502＋ク7602の4両がトップナンバーである。車体は鋼製、第3軌条では初の裾絞り車両となり、車内空間を若干広げた。車体幅は2900ミリで、Osaka Metroの車両に比べ10〜20ミリ広い（先頭車2890ミリ、中間車は2880ミリ）。カラーリングはパールホワイトをベースに、ソーラーオレンジとアクアブルーの帯を配した。

先頭車前面の貫通扉はフロントガラスをブラックにすることで、大型1枚窓に魅せている。車体側面の側窓は一段下降式で、方向幕は設けていない。

1986年夏に近鉄の車両として量産車が登場。「Super Electronic Commuter」と名づけられ、9編成54両の陣容となった。なお、主制御器のメーカーが三菱製は第1・3・5・7編成、日立製は第2・4・6・8・10編成に振り分けたため、第9編成は欠番である。

7000系は鉄道車両初の1986年度グッドデザイン商品に選定、1987年に鉄道友の会ローレル賞を受賞した。

2004年から2006年にかけて、けいはんな線生駒—学研奈良登美ヶ丘間の開業に伴い、高速化工事ならびに車内のリニューアルを実施。後述の7020系に可能な限り合わせた。なお、VVVFインバータ制御の更新はしたが、素子はGTOのままである。

左側は7020系、右側は7000系。共にデジタル方向幕のフルカラーLED化が進められている。また、2号車側面の下段は、行先の英字と弱冷車が交互に表示される。

7020系

エクステリアはほぼ不変

　7020系はけいはんな線の開業に伴う輸送力増強用として2004年9月に登場し、4編成24両が投入された。主制御器のメーカーは三菱製に統一されている。外観は7000系とほぼ同じで、先頭車フロントガラスのワイパーを大型化、3色LEDによるデジタル方向幕を前面と側面に配置、側窓は内折れ式、VVVFインバータ制御の素子をGTOからIGBTに変更。また、安全畳垣ベースの外幌も設置された。

　車内はロングシートの着座幅を440ミリから460ミリに変更、各車両に車椅子スペースを設置、一部の乗降用ドア上に3色LED式の旅客情報案内装置を設置、荷棚の高さを25ミリ下げ、吊り手の一部は85ミリ低くして、小柄な方にも握れるようにしている。

　最高速度も第3軌条の新型車両では初めて95km／hに引き上げた。なお、中央線内は従来通りの70km／h運転である。

　7000系、7020系とも重要部検査、全般検査は大阪線の五位堂検修車庫で行なわれるため、電動貨車モト77・78の手を借りて3両ごとに回送運搬される。その際、集電靴と乗降用ドアに設置されている靴ずりを取り外す。

近鉄7000系

← 学研奈良登美ヶ丘　　　　　　　　　　　　　　　　　　コスモスクエア ➡

号車	1号車	2号車	3号車	4号車	5号車	6号車
形式	ク7600形	モ7500形	モ7400形	サ7300形	モ7200形	ク7100形
車種	Tc	M	M	T	M	Tc
備考	なし	弱冷車	なし			

近鉄7020系

← 学研奈良登美ヶ丘　　　　　　　　　　　　　　　　　　コスモスクエア ➡

号車	1号車	2号車	3号車	4号車	5号車	6号車
形式	ク7620形	モ7520形	モ7420形	サ7320形	モ7220形	ク7120形
車種	Tc	M	M	T	M	Tc
備考	なし	弱冷車	なし			

千日前線
25系

25系

>>> 千日前線初の生え抜き車両 <<<

　千日前線は開業時から他線の車両をコンバートしていたが、ようやく初の新型車両として25系が1991年に登場。車両番号の千の位は、正式路線名の大阪市高速電気軌道第5号線を表す5で、千日前線用を表す。

　ほかの新20系と異なるのは、保安装置がCS－ATCのため、速度計の周囲

ホームドア設置前の南巽。現在は貫通扉のVVVFインバータ制御ロゴの下に「ワンマン」のステッカーを貼付した。また、第3軌条路線では唯一、弱冷車が設定されていない。

に車内信号が現示される。また、所属車両基地は森之宮検車場のため、WS
−ATCも装備された"二刀流"である。1995年まで17編成68両が投入され、
50系と30系を置き換えた。

　2010年から2014年まで新20系の先陣を切ってリニューアルが始まり、エク
ステリアデザインは30000系に準拠。運転台はツーハンドルからワンハンド
ルマスコンに、速度計もバーグラフとデジタル数字から指針式に更新。ホー
ムドアの設置に伴うATO装置やワンマン運転機能などの追加を実施。
VVVFインバータ制御もGTO素子からIGBT素子に換装された。

　車内は吊り手の増設、マップ式の旅客情報案内装置の新設、ロングシート
を着席区分が明確なバケットタイプに更新した。

　当初、新20系の車内リニューアルはシンプルにまとめていたが、2015年度
から沿線の見どころなどを採り入れ、にぎやかなデザインに移行した。

千日前線25系

← 南巽　　　　　　　　　　　　　　　　　　　　　　　　　　野田阪神 ⇒

号車	1号車	2号車	3号車	4号車
形式	2600形	2100形	2300形	2900形
車種	Tec1	Mb1	Mb2	Tec2
備考	なし			

堺筋線
66系

66系

20世紀生まれの前期車

　堺筋線の第2世代車両として1990年に登場。車両番号の千の位は、正式路線名の大阪市高速電気軌道第6号線を表す6で、堺筋線用を表す。新20系は形式が4ケタに対し、66系は5ケタである。

　先頭車の前面はフロントガラスの左右非対称を除き、阪急車に合わせており、上部左側に方向幕、上部中央に前照灯、腰部の左右に急行灯と尾灯を配している。ちなみに急行灯は回送のみ点灯する。

　VVVFインバータ制御を表すロゴマークは前照灯の右側に貼付した。貫通扉はプラグドア、台車は大阪市交通局初採用のボルスタレス台車である。

車体のカラーリングはラインカラーのビビッドブラウンにオレンジとホワイトをプラスし、車両全体に巻くことで一体感を持たせた。冷房装置は当時の阪急標準である分散式を各車両3台搭載した。

車内のロングシートは赤紫色で、背も

66系登場時、60系は車齢21年だったことから、共生共存することに。堺筋線車両の全車冷房化は1995年に完了した。

たれは着席区分を表示。床は茶色と黄土色の２色にして、黄土色は着座した際に足を置く位置、茶色の部分は通路に分けた。

運転台は阪急標準の両手操作型ワンハンドルマスコンで、速度計はバーグラフとデジタル数字を併設。最高速度110km／h、加速度2.8km／h／sは堺筋線第１世代車両の60系と同じである。

当初は６両編成でスタートし、1992年11月から66100形と66700形を増結し、８両編成化。1993年の第６編成から８両編成で増備された。また、1992年の第３編成から各車両に車椅子スペースを設置。第１・２編成は増結車を除き、のちに一部のロングシートを置き換えるカタチで設置された。

1994年まで前期車12編成96両が投入され、一部の60系を置き換えた。

21世紀生まれの後期車

残る60系５編成40両を置き換えるべく、2002年から2003年にかけて、交通バリアフリー法に対応したマイナーチェンジの後期車が登場した。

エクステリアは前面を曲面ガラスで覆ったほか、急行灯を白熱灯からLEDに変更。車体側面の上部はビビッドブラウンとホワイトを組み合わせた。車体の最大幅は2840ミリから2845ミリに若干拡大した。

ボルスタレス台車は新設計したものに変更され、床面の高さを1190ミリから1150ミリにして低床化。ホームとの段差が約90ミリから約50ミリになり、乗り降りしやすいようにした。

このほか、方向幕は行先のみから列車種別を追加、VVVFインバータ制御は素子をGTOからIGBTに変更され、騒音の

車両の低床化は66系後期車から始まった。以降、リニアメトロの80系を除く各車両の標準となり、現在に至る。

低減を図った。冷房装置は冷媒を代替フロンに変更することで、地球環境に配慮した。

　インテリアは床を砂目模様１色に変更。ロングシートは着席区分が明確なバケットタイプに変わり、シートモケットの一般席は茶色、優先座席はブルーに。併せて着座幅の拡大を図り、乗降用ドア間は440ミリから470ミリ、併せて中間に握り棒を設置。車端部は420ミリと432.5ミリの２種類から450ミリに統一された。

　これに伴い、座席定員は先頭車が46人から42人、中間車が54人から50人に減少した。その分、立席定員は先頭車が85人から88人、中間車が87人から90人に増加した。

　このほか、吊り手の増設、一部の乗降用ドアに３色LED式の旅客情報案内装置を設置、すべての乗降用ドアにドアランプを設置、天井のラインフローファンは強弱の切り替えつきに、運転台の速度計は一般的な指針式に変更された。

　のちに前期車はシートモケットの張替え、旅客情報案内装置の設置、方向幕の更新が行なわれた。

前期車は順次リニューアル

　66系が登場して20年を経過したことから、2012年度より前期車のリニューアルが行なわれている。

　エクステリアはステンレス車体をブラスト洗浄し、新製時のういういしさがよみがえった。前面の上部を曲面ガラスで覆い、併せて方向幕をフルカラーLED化、車番を前照灯の右横に移し、VVVFインバータ制御のロゴマークが姿を消した。前面の帯はビビッドブラウンとオレンジの２色に、障害物から床下機器を守るためスカートを取りつけた。

　車体側面は30000系に準じたデザインに、VVVFインバータ制御は素子をGTOからIGBTに更新された。

　インテリアは床を石目調に張り替え。ロングシートをバケットタイプに取り換え、２人掛けは470ミリ、４人掛けは458ミリ、９人掛けは488ミリに分けた。併せて９人掛けの中間に握り棒を設置。袖仕切りの保護棒１つを保護

板2枚に取り換え、吊り手の増設及び一部を少し低くしたものを設置した。優先座席はカーテンにピクトグラムを入れたほか、吊り手をオレンジにすることで座席の種類を明確化した。

近年、前期車は年1編成ペースでリニューアルが進められており、完了後は後期車にも着手することが考えられる。

座席定員は後期車と同じで、立席定員は従来通りのまま。運転台の速度計は指針式に更新された。

当初、インテリアデザインはシンプルにまとめていたが、2015年度から沿線の天王寺動物園をイメージし、様々な動物をちりばめたものに。2018年度から沿線の今宮戎、堀川戎にちなんだ縁起が良いものをちりばめ、にぎやかな雰囲気を創出した。

66系は前期車12編成96両、後期車5編成40両の計17編成136両が在籍。両数こそ66系が上だが、編成数は60系の最大18編成90両をわずかに下回っている。

最後に66系のトリビアを。第16編成1号車の66616をひっくり返すと「91999」になる。日本の鉄道車両では現時点フィクションながら、最大の車両番号に化けるのだ。エイプリルフールネタに使ってみてはいかがだろうか。

堺筋線66系

⬅ 天下茶屋　　　　　　　　　　　　　　　　　　　　　　　　高槻市、北千里 ➡

号車	1号車	2号車	3号車	4号車	5号車	6号車	7号車	8号車
形式	66600形	66000形	66100形	66700形	66800形	66300形	66200形	66900形
車種	Tec1	Ma1	Mb1	Tp´	T´	Mb2	Ma2	Tec2
備考	なし	弱冷車	なし				弱冷車	なし

阪急　3300系／5300系／7300系／8300系／1300系

3300系

京都本線の新時代を築いた現役最古参車両

　3300系は堺筋線直通車として1967年に登場。顔立ちは2000系、2300系で確立した"第１次阪急顔"を受け継ぎ、左側に手動式の方向幕を設けた。堺筋線直通運用のみ使い、自社線内の運用は運行標識板を掲げた。

　阪急の車体寸法は1950年の710系以来、長さ18400ミリ、最大幅2750ミリを標準としていたが、大阪市交通局と協議の末、3300系は長さ18300ミリ、最大幅2850ミリの３ドア車となった。以降、長さについては京都本線用車両の標準的な寸法となり、特急形電車の6300系以外の車両に適用された。また、台車はS形ミンデン台車を初採用。以降、長年にわたり阪急の標準として定着した。

　1981年から1986年にかけて、冷房改造を実施。方向幕の設置と前面の"整形"も同時に施行され、2200系で確立した"第２次阪急顔"に変身し、装いを新たにした。堺筋線天下茶屋延伸後は堺筋急行にも運用された。

　現在、廃車が進んでいるものの、阪急では2300系の55年を上回る56年という最長の歴史を刻む車両となった。

マルーン１色の車両は貴重な存在になりつつある。

5300系

堺筋急行の初代車両

　1972年に登場。京都本線の通勤形電車では初の新製冷房車で、前面は当時の3300系と同じである。また、京都本線の車両では初めてトップナンバーが「0」になり、6300系以降の車両に受け継がれている。

　当初は自社線内の運用だったが、1979年3月4日(日曜日)から堺筋線に直通する堺筋急行の運転を開始。このとき、手動式方向幕がようやく使用できるようになった。

　側面の列車種別表示器は「特急　堺筋　急行」がセットされており、堺筋急行運用時はオレンジの「堺筋　急行」が灯った。また、「堺筋 急行 準急」にセットされた車両もある。

　堺筋線の天下茶屋延伸で、すべての直通列車が8両編成化されると、各駅停車としての乗り入れを開始した。

　1987年から2001年まで方向幕の設置改造を実施され、"第2次阪急顔"に変身。登場から51年たった現在は廃車が発生しているものの、3300系に次ぐ古参車両として、まだまだ活躍する。

5300系の方向幕設置改造はスローペースで進み、一部の車両は前面のみ大型化して視認性の向上を図った。

7300系

7300系以降に登場した車両は最高速度が115km／hなので、特急の運行も可能。

1982年に登場。これまでの車両は抵抗制御だったが、7300系は界磁チョッパ制御である。冷房装置、方向幕を完備した"第2次阪急顔"で、京都本線の通勤形電車では初めて両手操作型のワンハンドルマスコンを導入した。

堺筋線だけではなく、山陽電気鉄道との直通運転を視野に入れ、長さは先頭車18350ミリ、中間車18300ミリ、最大幅2800ミリとなった。しかし、神戸本線、宝塚本線のホームがある中津は、上下線の線路中心間隔を広げるのが困難という課題に直面し、ユーティリティープレーヤーには至っていない。

7300・7301編成は3300系、5300系などと同じ鋼製だったが、7302編成以降はアルミ車体に変更され、軽量化。1985年の増備車から回生ブレーキが導入され、増備とともに進化を遂げた。

当初、カラーリングはマルーン1色だったが、1998年8月以降、車体上部のみベージュを配した。2008年からリニューアルが始まり、当初は8300系に合わせた顔立ちに変わっていた。

堺筋線の直通運転は、次の8300系と共に1989年11月からスタート。新製時からWS−ATCが搭載されていた。これにより、堺筋線の8両編成化が一段と進むことになる。

8300系

時代の移り変わりを歩んだ波瀾万丈の車両

　1989年に登場したVVVFインバータ制御車。以降、阪急の標準となる。先頭車の前面は2200系から続いていた"第2次阪急顔"を一新し、フロントガラスは大型化され、9300系以降の車両に受け継がれた。額縁を採り入れた前面デザインと白の飾り帯、運転台はバーグラフとデジタル数字を併設した速度計も相まって、斬新な仕上がりとなった。また、8000系共々、各車両に車椅子スペースを設置した。

　7300系は乗り入れ先を含めた全線での乗り入れを視野に入れていたが、8300系は京都本線系統に限定し、長さは先頭車18380ミリ、中間車18300ミリ、最大幅2850ミリである。

　颯爽とデビューしたが、ほかの車両に比べると通過時の風圧が強いという問題が浮上。1993年の増備車から前面デザインは額縁スタイルと飾り帯を取りやめ、「く」の字タイプに変更された。併せて前面の車番を貫通扉から左側に変更、方向幕が大型化され、一新した。その後、大型の方向幕やフロントガラス、前面の車番位置は9300系以降の車両に受け継がれた。

　堺筋線の直通運転は1989年11月からスタート。こちらも新製時からWS－ATCが搭載されている。

6300系の象徴だった屋根肩部のベージュ、貫通扉の枠をヘッドライト部分まで一体化したスタイルを採り入れた。

2代目1300系

　初代1300系が1987年に引退してから27年後の2014年、2代目1300系が登場。灯具をすべてLED化、デジタル方向幕はフルカラーLEDで、車体側面は列車種別と行先の別々から一体化された。

　長さは先頭車18380ミリ、中間車18300ミリ、最大幅2780ミリ、床面高さは1150ミリ（8300系は1170ミリ）で、いずれも特急形電車の9300系を踏襲している。なお、9300系は堺筋線に乗り入れない。

　ロングシートは着座幅を約480ミリに拡大。着席区分が明確なバケットタイプではないが、中間に仕切りを入れることで座席定員を明確にしている。旅客情報案内装置はLCDで、32インチのハーフサイズという鉄道車両では破格の大きさを誇る。

　デビュー当初は京都本線内の限定運用だったが、7月より堺筋線直通及び千里線の運用にも就いた。現在、堺筋線直通対応車では最多の16編成128両を有している。

京都本線用車両では初の2代目となった1300系。初代の晩年と同様の3ドア車、ロングシートの通勤形電車である。

阪急3300系							
← 大阪梅田、天下茶屋						京都河原町、北千里 ⇒	

号車	1号車	2号車	3号車	4号車	5号車	6号車	7号車	8号車	
形式	3300形	3800形	3300形	3800形	3350形	3300形	3800形	3350形	※
車種	Mc	M´	Mo	M´	To	Mo	M´	Tc	
形式	3300形	3400形	3300形	3400形	3300形	3800形	3950形	3350形	
車種	Mc	M´c	Mc	M´o	Mo	M´	T	Tc	
備考	なし	弱冷車	なし				弱冷車	なし	

※この編成は休車。

阪急5300系							
← 大阪梅田、天下茶屋						京都河原町、北千里 ⇒	

号車	1号車	2号車	3号車	4号車	5号車	6号車	7号車	8号車
形式	5300形	5400形	5300形	5800形	5850形	5850形	5900形	5400形
車種	Mc	M´c	Mc	M´	T	T	M	M´c
備考	なし	弱冷車	なし				弱冷車	なし

阪急7300系							
← 大阪梅田、天下茶屋						京都河原町、北千里 ⇒	

号車	1号車	2号車	3号車	4号車	5号車	6号車	7号車	8号車
形式	7300形	7800形	7850形	7850形	7850形	7850形	7900形	7400形
車種	Mc	M´	T	T	T	T	M	M´c
形式	7300形	7450形	7300形	7800形	7850形	7850形	7900形	7400形
車種	Mc	Tc	Mc	M´	T	T	M	M´c
形式	7300形	7800形	7950形	7950形	7850形	7950形	7900形	7400形
車種	Mc	M´	T	To	To	T	M	M´c
形式	7300形	7950形	7300形	7800形	7850形	7850形	7900形	7400形
車種	Mc	To	Mc	M´	T	T	M	M´c
備考	なし	弱冷車	なし				弱冷車	なし

阪急8300系

← 大阪梅田、天下茶屋　　　　　　　　　　　　　　　　　京都河原町、北千里 ➡

号車	1号車	2号車	3号車	4号車	5号車	6号車	7号車	8号車
形式	8300形	8900形	8850形	8950形	8950形	8850形	8800形	8400形
車種	Mc1	M2	T1	T2	T2	T1	M1	Mc2
形式	8300形	8450形	8300形	8850形	8950形	8850形	8800形	8400形
車種	Mc1	Tc	Mc1	T1	T2	T1	M1	Mc2
形式	7300形	7450形	8300形	8850形	8950形	8850形	8800形	8400形
車種	Mc1	Tc	Mc1	T1	T2	T1	M1	Mc2
形式	8300形	8900形	8850形	8950形	8950形	8850形	8800形	8400形
車種	Mc1	M2	T1	T2	T2	T1	M1	Mc2
形式	7300形	7450形	8300形	8850形	8950形	8850形	8800形	8400形
車種	Mc	Tc	Mc1	T1	T2	T1	M1	Mc2
備考	なし	弱冷車	なし				弱冷車	なし

阪急2代目1300系

← 大阪梅田、天下茶屋　　　　　　　　　　　　　　　　　京都河原町、北千里 ➡

号車	1号車	2号車	3号車	4号車	5号車	6号車	7号車	8号車
形式	1300形	1800形	1900形	1350形	1450形	1850形	1950形	1400形
車種	Tc	M	M´	T	T	M	M´	Tc
備考	なし	弱冷車	なし				弱冷車	なし

注：上記の車両は堺筋線直通対応車の編成表。

監修：阪急電鉄

長堀鶴見緑地線
70系／80系

70系

新機軸を満載した車両

　長堀鶴見緑地線が過去に例がない中量規模の地下鉄に決まったのは、将来は交野市（かたのし）まで延伸しても、ラッシュ時の最混雑区間における1時間あたりの通過人員が3万人程度と推測されたことによる。

　70系は未知の世界を切り拓く車両として1988年3月に登場。当時はアルミの無塗装車体で、ラインカラーは萌黄色。車体側面の帯は車端部や先頭車の前面付近に拡大した。駅は島式ホームを基本としており、運転台を進行方向右側、貫通扉を左側に配した。

　大阪市交通局で初採用となったのが、先頭車前面のプラグドア（貫通扉）、シングルアーム式パンタグラフ（当時珍しい存在だった）、車体側面のみ3色LED式のデジタル方向幕、その腰部に車外スピーカーが設置された。また、地下鉄の車両では初めて右手操作型のワンハンドルマ

開業当初は車掌乗務だったが、1996年4月30日（火曜日）からワンマン運転を開始した。

7104に掲示された鉄道友の会ローレル賞のプレート。技術的に優れた新型車両を選定するものである。

スコンを採用した。

車内空間を最大限確保するため、床面上1400ミリの位置で内側に折れ曲がっており、車両限界の抵触を防いでいる。

試作車はリニアモーター駆動の旧7051（現・7061）＋旧7151（現・7161）、ロータリーモーター駆動の7391（現・7262）＋7691（現・7113）で、いずれも先頭車と中間車の2両編成という異例の組み合わせとなった。

　財団法人日本地下鉄協会が建設した大阪南港の試験線で走行試験を実施したところ、リニアモーター駆動の採用を決定。1990年に量産車が登場し、試作車2編成の増結も含め、13編成体制でスタートした。アルミ車体では初めて塗装され、アイボリーホワイトをベースに、萌黄色とピーコックグリーンの帯を入れた。前面のフロントガラス下には高速電気軌道第7号線を示す「7」をあしらったロゴマークを入れた。

　車内は空間が狭いことから、室内灯の隣に空調吹き出し口を設置。また、大阪市交通局では初めて車端部に3色LED式の旅客情報案内装置を2段式で採り入れた。1991年には60系以来となる鉄道友の会ローレル賞を受賞した。

　1994年以降の増備車はカラーリングの見直し、先頭車にリニアモーターを示す「LIM」ロゴマークの貼付、各車両に車椅子スペースの設置、ワンマン運転対応機器の搭載が行なわれた。既存の第1〜13編成はカラーリングを除き、増備車に合わせた。

　70系は1997年まで25編成100両を投入。2008年から2年かけて、ホームドアに対応した改造も行なわれている。

リニューアルが完了

　1988年の登場から20年を過ぎたことから、2010年度よりリニューアルを開始。VVVFインバータ制御は素子をGTOからIGBTに換装など、主要機器の更新を実施。カラーリングは乗降用ドアを萌黄色に塗装、車体側面の上部と下部、号車表示は萌黄色とピーコックグリーンを組み合わせた。先頭車前面のフロントガラス上はアイボリーホワイトから萌黄色に変更された。

　車内は床の張替え、吊り手の高さは標準タイプと低いタイプを交互に配置、併せて優先座席部分のみ色をオレンジに変更した。旅客情報案内装置は一新され、上段は3色LED（2段から1段に変更）、中段は降車口の案内表示器、下段は長堀鶴見緑地線の路線マップで、東京メトロ01系と同様に次の停車駅（「←」もしくは「→」を表示）や停車中の駅でLEDランプが灯る。

　2015年度にはリニューアルも「華やぐ」をコンセプトに一新され、車体側面の上部と下部、号車表示は萌黄色と桜色の組み合わせに変更。前面フロントガラス下の「7」も桜色に変わった。

　車内も乗降用ドアと車両連結部のドアを桜柄、床と吊り手も桜色に変わった。2016年度から一部の荷棚を撤去し、送風機を設置して冷房効果を高めている。

　70系のリニューアルは2023年4月10日（月曜日）に完了した。

70系のリニューアルは年2〜3編成ペースで進められた。写真の第24編成も2022年度にリニューアルされた。

80系

≫ **長堀鶴見緑地線の助っ人** ≪

　終電の延長が大きな話題となった2013年3月23日（土曜日）のダイヤ改正で、今里筋線は運転間隔や車両運用の見直しを行ない、80系第17編成を休車することになった。

　その後、2019年3月16日（土曜日）のダイヤ改正で、長堀鶴見緑地線が増発されることから、輸送力増強用として80系第17編成に白羽の矢を立てた。

　2018年に改造され、カラーリングはクリーム色をベースに、先頭車前面のフロントガラスの上は萌黄色、その下はOsaka Metroの特大ロゴを貼付、車体側面は萌黄色とゴールデンオレンジの帯を上部と腰部に配した。機器面ではTASCの撤去、ATOや誘導無線の搭載などが行なわれた。これに伴い、第17編成から第31編成に変更された。

　装いを新たにした第31編成は同日のダイヤ改正で6年ぶりに復帰した。

長堀鶴見緑地線80系はわずか1編成のレア車両。

長堀鶴見緑地線70系

← 門真南			大正 ⇒
号車	1号車	2号車	3号車	4号車
形式	7150形	7050形	7250形	7100形
車種	M2c	M1e	M1e	M2c
備考	なし			

80系は117ページに掲載。

今里筋線
80系

80系

リニアメトロの第2世代車両

　80系は2004年11月に試作車、2006年10月に量産車が登場。70系をベースに大幅に改良された。

　車内空間を最大限確保するため、内側に折れ曲がる位置を床面上810ミリに変更。側窓や乗降用ドアの窓が平面ガラスになり、コストの削減を図った。側窓は大型1枚窓で、一部を固定窓とした。

　アルミ車体ながら70系と同様に塗装され、クリームをベースに、ラインカラーのゴールデンオレンジの帯を配した。乗降用ドアの部分のみアイボリーで乗車口を示す。

　先頭車の前面は高速電気軌道第8号線の「8」とリニアモーターの「LIM」を組み合わせたロゴマーク、1・4号車の車体側面には「LIM」のロゴマークを貼付した。今里筋線はホームドアが整備されることから、

70系をブラッシュアップした80系。現時点、車両番号が4ケタの車両は80系が最後である。

車体側面の車番と車外スピーカーを上部に配置し、見やすく、聞きやすくした。

　VVVFインバータ制御は素子をIGBTに、行先表示器は前面、側面とも方向幕に統一。セミ集中式の冷房装置は70系の240ミリをさらに薄型化した195ミリで、車両の中央寄りに配した。床面高さは70系と同じ850ミリだが、今里筋線ホームの高さを30ミリ上げて830ミリにすることで、車両との段差を20ミリ縮めている。

量産車では若干の変更点も

　車内は乗降用ドア付近にも吊り手を設置、乗降用ドア上に降車口の案内表示器つき3色LED式の旅客情報案内装置、降車口の案内表示器のみを交互に配した。ドアエンジンについて、試作車は電気式を初採用し、「ジーン、ガチャ、ドン」という独特のリズミカルな開閉音がなくなった。量産車では空気式になったが、先述の開閉音が完全に過去帳入りし、30000系にも受け継がれた。

　ロングシートは着席区分が明確なバケットタイプで、着座幅を470ミリに拡大。シートモケットの一般席はライトグリーン、優先座席はブルーである。車椅子スペースは当初より設置している。

　室内灯は新20系、66系、70系などのグローブつきから、火災事故防止の観点により、試作車は格子状（こうしじょう）の保護カバーに変更した。量産車ではステンレスの保護棒2本に変わり、試作車も合わせた。

　運転台は右手操作によるワンハンドルマスコンで、ワンマン運転の対応機器などを搭載。今里筋線

ロングシートの背もたれを境に車体が折れ曲がる。

は手動によるワンマン運転ながら、ホームドアの設置に伴い高い停止精度に対応できるようTASCを搭載している。

80系は2006年まで17編成68両を投入。当初は今里筋線専任だったが、先述の"異動"もあり、2023年現在は今里筋線用16編成64両、長堀鶴見緑地線用1編成4両の陣容である。

ちなみに、登場時、高速電気軌道標識は車体腰部に1つ貼付されていたが、ホームドアに隠れており、"御尊顔"を拝しづらい車両であった。

各駅のバリアフリールートの位置をLEDで表示。

発車すると、次駅案内、ドアの開閉案内を表示。

長堀鶴見緑地線／今里筋線80系

⟵ 門真南／今里　　　　　　　　　　　　　　　　　大正／井高野 ⟶

号車	1号車	2号車	3号車	4号車
形式	8500形	8400形	8200形	8100形
車種	M2c	M1e	M1e	M2c
備考	なし			

南港ポートタウン線
200系

200系

カラフルな南港ポートタウン線第3世代車両

　200系は南港ポートタウン線の第3世代車両で2015年に登場。大阪市交通局としては最後の新型車両となった。第1世代車両の100系からオール電動車なので、地下鉄車両のように数字による電動車と付随車の区分はない。

　前面は「笑顔で南港のまちを元気に走り回る子ども」をイメージしており、

写真の第14編成は稲穂を表すゴールドで、"大阪詣ニュートラム"と称したくなるほどのインパクトを放つ。なお、200系の側窓は熱線吸収ガラスのため、カーテンが省略された。

楽しい雰囲気に満ちあふれている。連結器の右隣に小さな穴があり、デザイン上あえて、エクボに見立てた。しかし、200系登場のプレスリリースを受け取った報道関係者の多くは「ホクロ」、このほか「小豆」や「食べかす」などと思っていたそうだ。当時の大阪市交通局広報は「エクボに見えるくらい愛されてほしいです」とプレスリリース発表後の取材で意気込んでいた。

　外観の特長は前面だけではない。「何度でも乗りたくなるようなデザイン」のひとつとして、各編成にカラーバリエーションを用いている。「子どもに元気を与えるイメージ」、「南港のまちに元気を与えるイメージ」で、基本的に果物などの楽しくなる色から選定している。

　車体はステンレス製（前面のみFRP）で、車体側面などのカラーバリエーションはシールで貼付。屋根上は塗装を施す。

》 明るく過ごしやすいインテリア 《

　インテリアデザインも個性的で、1・2号車は公園をイメージしたグリーン、3・4号車は桜をイメージしたピンクを採り入れ、南港ポートタウンの自然を表現。座席は固定クロスシート＆ロングシートのセミクロスシートで、配置の工夫により、通路幅を拡大している。ロングシートは着席区分を明確化、吊り手は首都圏の電車では標準の三角形でつかみやすい。側窓も従来の100A系より大きく、より明るい車内を乗客に提供する。

　乗降用ドアの上に旅客情報案内装置を設け、多言語表示に対応。妻壁に情報発信装置を設置して、南港の魅力を乗客に伝えてゆく。車椅子スペースは1・4号車に設置、床面高さ

インテリアは親しみやすく、柔らかい雰囲気を創出することで硬さをなくした。地域密着を強調した車両といえる。

も100A系の1050ミリから1020ミリに下げ、ホームとの段差が20ミリに縮小され、乗降しやすくなった。

南港ポートタウン線は無人運転を基本としているが、非常時や南港検車場構内は手動で運転するので、先頭車に運転台を備えている。右手操作によるワンハンドルマスコンで、速度計などの計器類がモニター化された。

200系は2019年まで20編成80両が投入され、100A系を置き換えた。

なお、第1〜8編成は鉄道事業法、第9〜12・14〜21編成は軌道法による車両として認可された。第13編成は諸般の事情により欠番である。

※『ハフポスト日本版』(当時、ザ・ハフィントンポスト・ジャパン刊。2021年5月1日〔土曜日〕、BuzzFeed Japanに合併)より転載。一部加筆、修正しています。

南港ポートタウン線200系

← 住之江公園			コスモスクエア ⇒
号車	1号車	2号車	3号車	4号車

号車	1号車	2号車	3号車	4号車
形式	205形	202形	200形	201形
車種	M6	M3	M2	M1
備考	なし			

地下鉄関連、ニュートラムの静態保存車一覧

初代100形

　大阪市交通局が運営していた「大阪市営地下鉄」は、1933年5月20日（土曜日）の開業から90年の月日が流れ、2018年4月1日（日曜日）に民営化された。すでに現役を退き、緑木車両管理事務所で暮らす初代100形は、数々の"超変革"を静かに見届けているだろう。

駅も車両も気宇壮大

　大阪市営地下鉄最初の開業区間は御堂筋線梅田―心斎橋間で、電車はたった1両。しかもホームの全長は最長12両編成を想定したつくりで、かなり持て余していた。各駅とも天井が高く、当初は"雄大な空間"に疑問を持つ乗客が多かったという。戦後、御堂筋線は"大阪の大動脈"に成長し、1995年12月9日（土曜日）から10両編成で運転されている。

　梅田―心斎橋間の開業に際し、初代100形が1933年4月にお目見えした（参考までに、2代目100形は旧1100形を改称）。東京地下鉄道1000形に比べるとひと回り大きく、集電

2003年、大阪市指定有形文化財に指定された初代100形。"歴史の生き証人"として、後世に語り継がれる。

御堂筋線梅田駅。電車にパンタグラフが搭載されていないことも相まって、アーチ形の天井は絵になる光景だ。

ニューヨークやシカゴの地下鉄などを参考にした安全畳垣。

安全畳垣を参考にしたという大阪市交通局の外幌。

方式の第3軌条も直流600ボルトから750ボルトに上げた。走行機器類などは将来の1500ボルト昇圧に備え、第3軌条電車初の複電圧仕様とした。また、電動発電機の搭載により、第3軌条と第3軌条のあいだが離れている箇所でも、車内の照明が消えない。

初代100形は、現在の国内鉄道車両では"ほぼ標準装備"といえるものを初採用した画期的な車両で、代表的なものを3つ取り上げよう。

1つ目は単行車両ながら、将来の連結運転に備え、車両と車両のあいだに乗客が転落しないよう、安全畳垣が取りつけられた。平成に入ってからは、転落防止用の外幌が普及し、今や先頭車にも装備されるほどの必須アイテムである。

2つ目は駅名表示器（旅客情報案内装置）。当時はモーターで動く照明が次の停車駅を照らす仕組みだったが、2両以上連結されると不具合が多く、デビューからわずか8年で使用停止に追い込まれた。

その後、1983年に登場した

営団地下鉄01系では、マイクロコンピューター制御により、駅名が正確に表示され、不具合もなくなった。以降、駅名表示器はLED式、LCD式へ発展し、情報量も増加した。

3つ目は電気連結器。車両と車両をつなぐ連結器の下（新幹線電車のみ上）にあり、連結と同時に電気系統を接続するもので、増解結や分割併合の手間を抑えている。

大阪市交通局では大阪市営地下鉄の開業以来、"運転台つき車両の必須アイテム"としていた。しかし、30系以降は増解結を前提としない固定編成に方針転換され、装備をとりやめた。

落成当時は車内放送装置が搭載されておらず、駅名表示器で対応。

電気連結器を採り入れた車両は、新幹線から通勤形まで幅広い（写真は東武鉄道30000系）。

原型に近い105号車を永久保存車に選定

初代100形は御堂筋線一筋で活躍し、1969年8月4日（月曜日）に引退するまでのあいだ、全10両に車体の塗装変更が施されたほか、車内放送装置、貫通幌、扇風機の取りつけ、機器の改良によるスピードアップなどの改造が行なわれた。さらに一部の車両につ

初代100形の車内。通路中央のポールは、JR東日本などの6ドア車にも採用された。

初代100形は自力走行ができないので、後ろに連結された軌陸車の力を借りる。

いては、室内灯を白熱電球から蛍光灯に、乗務員室を運転席のみの半室構造から、車掌室を追設した全室構造にそれぞれ変更された。

この中で、105号車のみ室内灯と乗務員室に手を加えられていなかったのが幸いし、永久保存車に選定された。1972年に我孫子車両工場で復元工事を受けたあと、朝潮橋研修所に住まいを移す。その後、研修所の中百舌鳥移転に伴い、緑木車両管理事務所に"転居"となり、現在はイベント開催時に元気な姿を見せる。

ドラマに"特別出演"

2013年から2014年にかけて、初代100形が脚光を浴びた。

まず、大阪市営地下鉄開業80周年記念の一環として、2013年5月1日（水曜日）から5月24日（金曜日）まで大阪市役所玄関前に展示。久しぶりに大阪市内中心部へ姿を現した。トラックで陸送された際、車内に損傷が発生するアクシデントに見舞われたが、展示終了後に補修して元気な姿を取り戻した。

次にNHKから連続テレビ小説『ごちそうさん』の"出演オファー"が舞い込み、2014年1月18日（土曜日）に緑木車両管理事務所でロケが行なわれた。当日は雪が舞い散るほどの寒さだったが、撮影開始までにはやんだ。

『ごちそうさん』で使われていたセットの一部。

舞台は1945年3月13日（火曜日）、大阪大空襲のさなか、西門め以子たちが心斎橋駅に駆け込み、電車に乗るというもので、そのシーンは2014年3月4日（火曜日）に放送された。ドラマはフィクションでも、大阪大空襲発生時に地下鉄は動いていた。

当該回放送後の3月23日（日曜

日）、初代100形の特別展示イベントが緑木車両管理事務所で開催された。

　『ごちそうさん』にエキストラで出演した職員のトークショーによると、大阪市交通局は空襲関連の資料は所蔵していないそうだが、OBやOGから1945年３月13日（火曜日）に終夜送電の指示があったという。イベントの来場者からも「乗った」と声をかけられたそうだ。いつでも電車を運行できる態勢を整え、大阪市民の命を守る役割を担っていたのだ。

"マルコ" と称された大阪市営地下鉄のロゴは、見納めに。

2018年４月１日（日曜日）、民営化

　話題を変え、2017年３月28日（火曜日）の大阪市会本会議で、大阪市営地下鉄と市バスの民営化が賛成多数で可決。我が国では初めて、公営地下鉄が民営化されることになった。

　これに伴い、2017年６月１日（木曜日）に準備会社「大阪市高速電気軌道株式会社」を設立。その後、同社の愛称やロゴの公募が行なわれた。一方、市バスは大阪シティバス株式会社に事業譲渡される。

　地下鉄の民営化は、東京メトロ以来２例目となる。これからもサービスや安全性の向上を図り、よりよい環境を整えていくだろう。民営化後も大いに期待したい。

※『@DIME』（小学館刊）より転載。一部加筆修正しています。

30系

第３軌条車両の基準を確立

　30系は1967年に7000形、8000形として登場。初の18メートル４ドア車で、

1970年代は30系の全盛期でもある(提供：大阪市高速電気軌道)。

その後の地下鉄車両の標準となった。当初はセミステンレス車の2両編成で、谷町線開業と共にデビュー。のちに中央線谷町四丁目—森ノ宮間にも進出した。

　1968年に3008＋3508のアルミ車が登場すると、30系と命名。7000形、8000形も増結車を連結の上、30系に改めた。

1976年にはアルミ車にマイナーチェンジ車が登場し、車体は10系に倣い丸みを帯びた形状となった。1984年まで363両が投入され、一時代を築いた。1991年には千日前線用が登場し、第3軌条各線に足跡を残す。

動きが激しかった30系

　30系の特徴は他線の転属が多く、不足する先頭車を新製するなど、編成替えによる改番が多いことだ。

　例えば、北急8000系の中間車8301は、大阪市交通局に移籍すると御堂筋線30系の3626に改番。1987年に御堂筋線の9両編成化に伴い、増結用の3814に改番され、第14編成に挿入。1989年には3814が中央線に転属され、3427に改番された。

　ところが、第14編成自体は引き続き御堂筋線で運用されるため、中央線転属の対象外となった3120を新たな3814に改番して挿入するという、目まぐるしい展開となった。最終的に編成番号は50を境に、前はアルミ車、後ろはセミステンレス車に分けた。

　石本氏によると、転属、改番が頻繁にくりかえされたため、車両検査の現場でさえ、かなり混乱していたらしい。ある検車場の職員は、『大阪の地下鉄』の167〜173ページを見ながら、30系の元の車番をたどり、検査をしていたという。実際、車歴表と諸元表は、車両部から「仕事で使えるからデータが欲しい」と言われて、当該ページのコピーを渡したほど。

　車両検査の現場では、編成単位で常に考えていて、１両１両バラして考えることはないそうだ。しかし、転属、改番のくりかえしで、１両単位で検査を考えなければならない状況に変わっていったようである。

　1991年６月28日（金曜日）から廃車が始まると、冷房改造車78両が残り、21世紀を迎えた。しかし、寄る年波には勝てず、2013年10月６日（日曜日）、谷町線大日検車場—中央線森ノ宮間の特別運転、中央線森ノ宮—大阪港間の回送往復運転をもって、46年の歴史にピリオドを打った。

保存車は２両

　30系はセミステンレス車とアルミ車が各１両保存されている。

　まず、セミステンレス車の3062（旧7001）は1993年10月20日（水曜日）に廃車後、緑木検車場に保存。現在も四つ橋線で現役を終えた姿のままで、森之宮検車場に"転居"した。

　一方、アルミ車の3042（旧3008）は1994年５月27日（金曜日）に廃車後、森之宮検車場に保存され、2008年３月23日（日曜日）に「なつかし車両まつりin森之宮」で雄姿が披露された。当時は中央線で現役を終えた姿のままだったが、その後、新製時の状態に復元され、車両番号も3008に戻った。

　いずれも車内は廃車時のままである。

50系

最後の17メートル車＆戸袋窓つき車両

　1960年、5000形＋5500形のユニット車として登場した17メートル３ドア車である。1965年まで94ユニット188両をすべて電動車で新製された。5000形は制御器と集電装置など、5500形は電動発電機と蓄電池などが搭載された。「50系」と称されるようになったのは30系が登場してからである。

　車内は室内灯を３列40灯配置、しかもグローブつきだったが、その後は合理化の波を受けて、グローブを外し、22灯に減らした。

　50系は御堂筋線に投入され、路線の延伸に伴う輸送力増強用に充てた。

50系登場時、車掌側のフロントガラスは開閉式だった
（提供：大阪市高速電気軌道）。

1962年から、先頭車の前面に髭のようなカタチの誘導無線装置アンテナが設置され、"大阪市営地下鉄のトレードマーク"のような存在となってゆく。1965年には四つ橋線にも投入され、輸送力増強用に充てた。

これまでは旧型車両に混じって活躍していたが、御堂筋線の30系置き換えに伴い、谷町線、中央線、千日前線の転属が決まり、4両編成に組み直す。併せてATCの搭載改造を受け、車掌側のフロントガラスが狭まってゆく。千日前線用については運転台に車内信号機を取りつけた。

1977年には谷町線6両編成化に伴う輸送力増強で、四つ橋線用がすべて転属。当時はオール電動車のままだったが、4M2Tにして編成数を増やすため、1978年から1984年まで2代目200形（旧1200形）、800形（旧6000形）、900形（旧6100形）を付随車化し、50系に編入改造された。併せて一部の5000形＋5500形は中央線、千日前線に転属された。

これにより、50系は新製車188両、編入改造車44両の総勢232両となった。

以降、谷町線用と中央線用は6両編成、千日前線用は4両編成に固定され、中間車と化した5000形、5500形の一部は灯具や方向幕の撤去、貫通扉を外吊りの引戸に取り換え。谷町線用と中央線用は暖房の設置も実施された。

このほか、ATO試験車、日本万国博覧会開催に伴う貴賓車、中央線用については抑速ブレーキ設置といった改造もある。

昔の姿がよみがえる

1989年6月16日（金曜日）から廃車が始まり、1994年4月24日（日曜日）のイベントをもって34年の歴史にピリオドを打つ。最後の花道を飾った5085が森之宮検車場に保存された。

2008年3月23日（日曜日）の「なつかし車両まつりin森之宮」では、千日前

線で現役を終えた姿のままだったが、その後、新製時の状態に復元された。

60系

堺筋線の第1世代車両

1969年に登場。30系アルミ車ベースの車両ながら、架空線用にカスタマイズした。車体長は相互直通運転を行なう阪急3300系に比べ100ミリ短い18200ミリで、ドアピッチも異なる。車体側面を見ると、東京メトロ日比谷線の18メートル3ドア車（3000系、03系）に準拠したようなつくりだ。

保安装置は堺筋線のWS−ATC、阪急のATSを両方搭載。最高速度は堺筋線70km／h、阪急110km／hと大幅に異なるので、地下地上切替器を設けた。台車はS形ミンデン台車で、乗り心地の向上を図った。また、低圧の補助電源装置として「SIV」と称する静止形インバータを鉄道車両では初めて採用した。

前面は切妻ながら縁飾り金を装着し、額縁にすることで単調さをなくす。前面のフロントガラス下はアルミ板を装着して踏切事故対策を施すと共に紅色に着色し、アクセントとした。灯具や方向幕の配置を阪急3300系に合わせつつ、左右のフロントガラスを屋根まで拡大し、上部の尾灯と方向幕を一体化した。尾灯はレンズを変えることで急行灯にも使えるようにした。

車体側面は各車両2か所に赤色の大阪市高速電気軌道標識を貼付。青地白抜きの車番プレート以外は無色である。

車内は第14編成の座面のみ、着席区分が明確なセパレートタイプのシートを採用（バケットタイプではない）。このようなロングシートは日本初で、現在だとJR九州815系を連想させる座席だ。しかし、時代を先取りし過ぎたのか、

阪急千里線の臨時列車、万国博西口に停車した貴重なワンショット（提供：大阪市高速電気軌道）。

不評だったという。その後、大阪市交通局で着席区分が明確なバケットタイプを採用したのは、66系後期車からである。

　60系は18編成90両が一挙に投入され、堺筋線の開業に備えた。1970年には鉄道友の会ローレル賞を受賞。1975年にはラインカラーを身にまとい、装いを新たにした。

増備車はなし

　60系の特徴は増備車が1回もないこと。1979年1～3月に1両増結して6両編成化する際、第16～18編成を分解し、6700形として第1～15編成に増結した。

　1990年に66系が登場すると、第1～3・9～13編成が冷房改造を受けた。また、1993年7月から10月にかけて2両増結して8両編成化の際は、冷房改造車の第9・10・13編成と非冷房車の第8・15編成を分解し、6100・6200形として増結。当初構想していた8両編成（6M2T）が24年の時を経て、ようやく現実にたどり着いた。

　非冷房車は1992年から1995年にかけて廃車。60系自体は2003年11月17日（月曜日）に引退し、34年の歴史に幕を閉じた。

　60系は1994年10月18日（火曜日）に廃車された6014を森之宮検車場に保存。2008年3月23日（日曜日）の「なつかし車両まつりin森之宮」では、現役を終えた姿のままだったが、その後、新製時の状態に復元された。車内は廃車時のままである。

100系

南港ポートタウン線の第1世代車両

　大阪市交通局はこれまで地下鉄車両の初代と2代目の100形、トロリーバスの100型を輩出。"第4の100車両"として登場する運びとなったのが、100系である。試作車は1979年8月に新潟鐵工所（現・新潟トランシス）大山工場で産声をあげ、大山実験線で試験したのち、1980年5月20日（火曜日）、南港

検車場に搬入された。

　車体は鋼製で、ホワイトをベースにラインカラーのセルリアンブルーをアクセントカラーに用いた。しかも屋根まで塗装しており、高層マンション上階からの景観に配慮した模様。先頭車前面の貫通扉は警戒色を表すレッドで、保守作業員に列車の接近がわかりやすいようにした。

　長さは先頭車7675ミリ、中間車7600ミリで、路線バスより短め。自重は先頭車10.8トン、中間車10.5トン。定員オーバーの90人乗車時の総重量が16トンを超える場合、量産車はアルミ車体に変更する計画としていたが、クリアしたことから、100系は全車鋼製車となった。

　車内は冷暖房完備、ロングシートは10系量産車に引き続き金茶色のシートモケットで、明るい車内をより引き立てる。握りやすい三角形の吊り手、一段下降式の側窓は大阪市交通局初採用である。試作車では熱線吸収ガラスの採用もあり、カーテンを省略していたが、量産車では側窓の面積が広いこと、冷房効果を高めることから設置に変更された。

　南港ポートタウン線は全駅島式ホームのため、運転台を進行方向右側に配置。非常時や南港検車場構内は手動で運転することから、ハンドルは大阪市交通局初のワンハンドルマスコンで、片手操作型とした。資料を見る限り、左右どちらの手にも対応できそうだ。乗務員室も半室構造で、パイプで仕切ることで、立入禁止を明確にしている。ちなみに開業時から自動運転ながら、しばらくは乗務員が添乗していた。

　電車の運転に必要な制御装置は、半導体のサイリスタを用いて交流電源を制御する可逆式サイリスタレオナード制御である。

　100系は南港ポートタウン線の開業に備え、13編成を投入。1986年には輸送力増強用として3編成が増備され、総勢16編成64両となった。なお、第1～5・14・15編成は鉄道

前照灯をスカート（排障器）内に配置。

事業法、第 6 ～13・16編成は軌道法による認可を受けた。

　1991年にはステンレス車体に変更し、モデルチェンジを図った第 2 世代車両で、"第 5 の100車両"の100A系が登場。編成番号は100系の続番とした。

　1993年10月 5 日（火曜日）17時30分頃、100系の無人運転列車が終点住之江公園に到着しようとした際、オーバーランして車止めに衝突する事故が発生し、乗客約200人が重軽傷を負った。事故の原因はATC指令をブレーキに伝えるリレーの故障でブレーキが作動しなかったことによる。

　これにより、事故原因判明後の11月18日（木曜日）まで全列車の運転をとりやめ。新交通システム史上初の事故は全国に衝撃を与えた。

　1994年から100A系に置き換えられることになり、廃車を開始。2002年 3 月22日（金曜日）をもって23年の歴史に幕を閉じた。これにより、大阪市交通局の鉄道車両から鋼製車が姿を消した。

　なお、緑木検車場には1997年12月16日（金曜日）に廃車された101－06が保存されている。

　100A系について触れておくと、1991年から2002年まで第17～29・31・32・36・37編成の17編成68両を投入（第30編成は欠番）。1997年には大阪港トランスポートシステムのOTS100系が登場し、第33～35編成の 3 編成12両が投入された。なお、2005年 7 月 1 日（金曜日）の運営一元化により、大阪市交通局に移籍した。

ステンレス車体ながら自重は100系と同じ。

　100系と同様に、第21・

26・27・29・31・33・34・36・37編成は鉄道事業法、第17〜20・22〜25・28・32・35編成は軌道法による認可を受けている。

その後、200系の投入に伴い、2016年6月30日（金曜日）から廃車が始まると、わずか3年後の2019年3月22日（金曜日）をもってラストラン。3月25日（月曜日）付で廃車され、28年の歴史に幕。Osaka Metro初の引退車両となった。

10系

第3軌条初の省エネ車両と冷房車

1973年に初代20系として登場し、谷町線に配属された。営団地下鉄6000系に倣った左右非対称の前面デザイン、消費電力を低減できる電機子チョッパ制御を第3軌条車両では初採用した。先頭車の前面は中央に前照灯、両端に尾灯を配し、方向幕は運転士と車掌の別々操作ながら自動式とした。60系と同様に縁飾りがアクセントで、プチ流線形のような仕上がりとなった。

当初は4両編成で非冷房。谷町線と中央線で試運転をしたあと、1974年6月7日（金曜日）付で御堂筋線にコンバートされる。初代20系のまま試運転を行ない、1975年6月9日（月曜日）に4両増結の上、装いも新たに10系に改称。1976年2月16日（月曜日）にデビューした。

1977年10月には中間車1501に冷房装置を搭載し、良好な結果を得ると、1979年3月に量産車が冷房つきで登場。以降、"御堂筋線の顔"に君臨し、1989年まで26編成234両が投入された。

Osaka Metroでは最長の歴史を誇る車両に

1995年から1996年にかけて10両編成化する際、試作車と第2・3編成を分解。廃車の先頭車4両を除き、第4〜26編成に1700形として増結された。1998年から第5〜26編成を対象にリニューアルを開始する。当初は電機子チョッパ制御のままだったが、2006年から2011年まで第17編成以降を対象にVVVFインバータ制御に換装され、「10A系」として新たな一歩を踏み出す。

第4編成廃車後の2011年5月に30000系が登場すると、2013年6月20日（木

曜日）からリニューアル車の廃車を開始。当初、10A系は新製から40年程度の運転を予定していたが、先述のホームドア設置工事関連で30000系の全面置き換えが決定した。

初代20系（提供：大阪市高速電気軌道）。

初代20系は前照灯を中央に配した（提供：大阪市高速電気軌道）。

2022年7月4日（月曜日）、千里中央9時15分発、なかもず10時10分着の列車をもって引退。営業運転終了後、中百舌鳥検車場で引退式が執り行なわれ、初代20系から数えて49年の歴史に幕を閉じた。現時点では、大阪市営地下鉄時代を含め、Osaka Metroでは史上最長の車両である。

10系はオリジナルのまま2011年3月31日（木曜日）に廃車された1104がカットモデルとして緑木検車場に保存されている。

参考までに、御堂筋線の車両で引退セレモニーが執り行なわれたのは、1969年8月5日（火曜日）19時17分、終点あびこ2番線に到着した初代100形4両連結を含む引退記念編成の営業列車以来である。このときはホーム上で中間車として連結されたトップナンバーの101をバックに、歌舞伎俳優、13代目片岡仁左衛門氏の令嬢から、運転士と我孫子検車場の検車工長に花束が贈られた。

車内（提供：大阪市高速電気軌道）。

北急2000系

30系にそっくりな車両

2000系は北急の第1世代車両で1970年1月に登場。30系セミステンレス車をベースにした車両で、先頭車の前面はコルゲートなし、車体側面のコルゲートはロールフォーミング（30系セミステンレス車のコルゲートはプレス式）、乗降用ドアのガラスを大型化など異なる。顔立ちはふっくらした感じである。当初は30系に準じ、車番プレートを除きステンレスの地肌のみというギンギラギンだったが、1971年夏からマルーンの帯を貼付。当初、前面は1977年まで120ミリだったが、のちに300ミリに拡大。側面は70ミリである。

10系試作車（提供：大阪市高速電気軌道）。

車内（提供：大阪市高速電気軌道）。

車内のロングシートはグリーンのモケット張り。北急開業時の30系、60系は発泡ウレタンをビニールシートで覆っており、対照的である。

1971年まで第1〜5・7編成は8両編成、第6編成のみ4両編成の計52両を投入した。第6編成のみ4両編成としたのは、8両編成の車両は全般検査及び重要部検査の際、4両ごとに行なわれるため。その代走として第6編成が連結される。

》 9両編成化後に引退 《

　御堂筋線のなかもず延伸に伴い、北急も9両編成化することになった。2000系は第5・6編成の中間車5両を2800形に改造の上、第1〜4・7編成に増結。余剰の7両を1987年8月6日（木曜日）に廃車した。

　しかし、2000系は非冷房が影響し、1988年12月12日（月曜日）から廃車が進行。冷房つきの8000形ポールスター号への置き換えが徐々に進められてゆく。そして、最後まで残った第2編成が1993年10月6日（水曜日）に廃車され23年の歴史に幕。奇しくも御堂筋線の30系もこの年に撤退した。

　引退後は2002が桃山台車庫に保存されていたが、2021年夏、兵庫県篠山市の企業に移転。2018年1月23日（火曜日）廃車の8000形ポールスター号の8005もここで暮らしている。

　現在、桃山台車庫には2016年3月9日（水曜日）廃車の8901がハーフカットされた状態で、敷地内に保存されている。

第 4 章

大阪の地下鉄
トリビア集

地下鉄の大半は地下トンネルを通ることから、
絶景車窓が少ない半面、ほどよく深堀りすると、
今日にも使えるネタが多い。知らなくても損はしないが、
知っていると、おしゃべりに花が咲く。

公営交通初の第3軌条路線

御堂筋線は日本で3番目の第3軌条路線

　地下鉄の特徴のひとつに、トンネルの断面をできるだけ小さくして、建設費を抑えるため、電化方式は線路脇に敷設する第3軌条を採用した路線があること。そこに直流600ボルトもしくは750ボルトの電流を流し、一部の台車に装荷した集電靴で集電し、走行する。

　日本初の第3軌条は信越本線横川─軽井沢間、アプト式の旧線で、1912年5月に電化した。当時は直流650ボルト、集電靴は下面接触式だった。蒸気機関車の牽引に比べ、スピードアップや無煙化により、乗務環境や乗客の車内環境が大幅に改善された。

　2番目の第3軌条は1927年12月30日（金曜日）に開業した東京地下鉄道で、電圧は直流600ボルト。集電靴が上面接触式に変わり、以降標準となる。ただ、東京地下鉄道を引き継いだ営団地下鉄、現在の東京メトロは、銀座線と丸ノ内線の車両規格が異なるため、丸ノ内線用の車両は銀座線に乗り入れることができない。

　3番目の御堂筋線は公営初の第3軌条で、1933年5月20日（土曜日）に開業。直流750ボルトで、当時は将来の1500ボルト昇圧を

第3軌条は、その上をブラケットで覆い、感電事故の防止に努めている（写真は東京メトロ銀座線の回送線）。

台車は集電靴が常にせり出しており、第3軌条に接触する。このため、電源を切る泊車スイッチが装備されている。

想定していた。以降、堺筋線が開業するまで第３軌条を標準としており、四つ橋線開業後は車両が各路線に運用できる態勢をとった。

その後、公営の第３軌条は名古屋市、札幌市、横浜市の各交通局が追随した。

変わり種は東京ディズニーシーで、「ディズニーシー・エレクトリックレールウェイ」というアトラクションにも採用されている。

架空電車線のメリット

堺筋線は開業と同時に阪急との相互直通運転が実施されることから、電気方式は直流1500ボルトの架空電車線式である。電車の屋根上にパンタグラフを搭載し、架線に接触して走るという、“一般的な電車”だ。

架空電車線の地下鉄は一般的にトンネルの断面積が若干大きくなる分、電車の屋根から架線までの間隔があることから、冷房装置の搭載が容易にできる。66系や60系冷房改造車は、阪急標準の分散式冷房装置を搭載した。60系は発熱量が多い抵抗制御で、地下鉄での冷房使用が不向きとされているが、省エネ車両の66系、阪急7300系、8300系が堺筋線直通列車に加わり、トンネル内の蓄熱量に問題がないと判断したのだろう。

リニアメトロの長堀鶴見緑地線、今里筋線は、電車の屋根から架線までの間隔が狭く、第３軌条車両と同じ薄型の冷房装置を搭載した。

新交通システムの剛体３線式集電

南港ポートタウン線は側方案内軌条式で、開業後の1983年３月に運輸省と建設省（いずれも現在の国土交通省）が「新交通システムの標準」と位置づけた。以降に建設申請（既設線の延伸は除く）されたものは、すべて「側方案内軌条式」である。

電化方式は走行路の側壁に３本の剛体架線を設けた剛体３線式で、三相交流600ボルトの電流が流れる。集電装置は一部の走行輪（ゴムタイヤ）に搭載され、剛体３線に押しつけながら走行する。

なお、新交通システムには中央案内軌条式もあり、山万と桃花台新交通が採用。現在は山万のみ運行を続けている。

日本初、地上区間のみで開業した地下鉄

車両基地も含め全線高架

　1948年6月18日（金曜日）、大阪市高速鉄道協議会は当初認可された4路線54.48キロから5路線76.46キロに改訂。9月2日（木曜日）に特許を申請した。しかし、在阪私鉄が大阪都心の乗り入れを計画しており、一部区間は競願という展開で、なかなか認可がおりない。

　1958年3月28日（金曜日）、都市交通審議会の第3号答申で、すべての計画区間が妥当と判断され、改訂計画76.93キロが1959年2月23日（月曜日）によ

中央線開業時、起点が大阪港ということもあり、「港の見える地下鉄」として親しまれた。ほかに港を結ぶ地下鉄は名古屋市交通局名港線があり、終点の名古屋港は地下駅である。

うやく認可された。

　認可後に着手したのが中央線の整備だ。都市計画道路の築港深江線（中央大通）西側の用地が確保できたことから、第１期区間として大阪港―弁天町間を建設する運びになった。

　建設にあたっては直流1500ボルトの架空線式を望む声もあったが、地下トンネルの断面が大きくなるなど、建設費が割高になることから、従来通りの第３軌条、直流750ボルトに決定する。

　さらに大阪港―弁天町間は土質が悪く、地盤沈下の激しいところで、なおかつ過去に高潮の被害にあったことをふまえ、車両基地の港検車場（朝潮橋駅付近に所在。地平は大阪市電の港車庫）も含め、全線高架に決まった。すなわち、"地下鉄なのに地下がない"という、日本の地下鉄史上初の事例である。

車両の搬入は吊り上げ

　御堂筋線開業前の1933年４月19日（水曜日）、１頭の牛に引かれた初代100形のトップナンバー101が御堂筋の南御堂前まで運ばれ、台車のみ同日、車体は翌日に吊り下ろして搬入されたという逸話がある。

　中央線の場合は御堂筋線よりもスケールが大きい。全線高架なので、車両は吊り上げないと搬入できないのだ。まずは運送会社の手配により、岡山県の水島から50トンのクレーン車を海上輸送で朝潮橋駅付近の吊り上げ現場まで運ぶ。

　次に我孫子検車場に留置していた6000形（のちに800形を経て50系に編入）を深

中央線開業時の終点は弁天町。上り大阪港方面の列車が発車すると、35パーミルの急勾配を下り、朝潮橋へ向かう。

夜２時にトラックで搬出し、朝潮橋駅付近の吊り上げ現場に向かう。

　太陽が天空に昇ったあと、作業を開始。地盤の悪いところで作業をするため、吊り上げる反力の計算を慎重に行ない、万全を期したという。

　まず、台車（１台約７トン）を吊り上げ、軌道上に乗せる。

　次に車体（１両約22トン）を吊り上げ、空中を舞うさなか、7.5メートル半径で180度旋回させて高架上にあげ、台車の上に下ろす。その作業は1961年11月10日（金曜日）から11月15日（水曜日）まで１日１両ずつ吊り上げた。

◆◆◆ 中央線の高架は阿波座付近まで続く ◆◆◆

　1961年12月11日（月曜日）、中央線大阪港—弁天町間が開業。列車は単行で、当時は更地が多いこともあり、ローカル線のようなたたずまいであった。また、御堂筋線、四つ橋線の駅とはつながっておらず、孤島のような存在であったが、弁天町で大阪環状線に乗り換えることで、大阪都心への足を確保した。

　弁天町から先は引き続き建設工事が進められてゆく。地盤が軟弱なため、2.3キロ先の木津川を越えたところまで高架が続き、ようやく地下にもぐる。

　弁天町—本町（仮駅）間は1964年10月31日（土曜日）に開業。当時は仮駅の地上乗り換えながら、御堂筋線につながった。地下区間が短かったものの、ようやく地下鉄らしくなった。また、ラッシュ時は２両、日中は１両の運転となったが、港検車区の増解結作業で人件費がかかり、走行経費を上回ることから、やがて全列車２両運転に統一された。

　この延伸に並行して、港検車場の拡張工事も実施。本町延伸３か月前の７月、汽車製造に発注した"自前のクレーン"が設置され、車両の搬出入が容易にできるようになった。輸送力増強用の6100形（のちに900形を経て50系に編入）11両や千日前線用の50系はここで吊り上げられた。

　港検車場は1969年11月に廃止され、中央線の車両基地は森之宮検車場に統合。建物自体は1970年７月から森之宮車両工場港作業場として再出発し、1977年５月まで中央線をはじめ、谷町線、千日前線の車両を塗装した。

　ちなみに、地下鉄車両の吊り上げは2006年５月に横浜市交通局グリーンライン用の10000形にも実施され、センター南—センター北間で宙に舞った。

日本初、空気ブレーキ装置に全電気指令式を採用

OECは「Osaka Electric Control」の略

1967年に登場した7000形、8000形（のちの30系）は、"大阪市営地下鉄の車両のあり方"を変えた車両でもある。経済性と近代化を追求し、他車との混結を想定しない、保安装置にWS－ATCを搭載、車体を鋼製からセミステンレス車体に変えたことで塗装不要にした。1968年、

30系はアルミ車とセミステンレス車が並行して投入する珍しい車両だった。当時は徹底的なコストカットを図ったことで酷評を受けたが、その後はサービス面の改善を図った。

30系に改称してからは初めて中間車が投入された。

この車両最大のエポックメイキングは、我が国では初めて空気ブレーキ装置に全電気指令式を採用したこと。大阪市交通局は「OEC－１形」と名つけた。

特徴はブレーキの応答性、同期性の向上、保守作業の簡易化を図ったことで、電気制動が効き始めると空気が抜けて、「ピュー」という音が鳴り、止まる。また、非常ブレーキの回路は常に励磁しており、切れると作動する仕組みにした。

このブレーキは60系にも採用された。

改良型も登場

OEC－１形は抵抗制御の車両から始まり、時代が省エネ車両に変わってもOECは標準ブレーキとして揺るぎない存在である。1973年以降は改良型

も開発されており、その系譜を御紹介しよう。

●OEC−2形

　1973年に登場した初代20系（のちの10系）は電機子チョッパ制御が採用され、OEC−1形を基本に、回生ブレーキとの協調部を付加させるとともに、メンテナンスフリー化をさらに進めた。「ピュー」という音は鳴らない。

　なお、OEC−2形は10系のみ採用という、"オンリーワン"のブレーキとなった。

●OEC−3形

　1984年に登場した2代目20系はVVVFインバータ制御が採用され、OEC−2形を基本に、誘導電動機の高粘着を利用して、回生効果をさらに向上させている。また、空気演算方式を使用しており、総合ブレーキ力（空制＋回生）を複式中継弁により演算する。

　回生ブレーキ利用時には、回生ブレーキ相当の空気圧を複式中継弁に給気して演算膜板を押し下げ、差し引き分がブレーキシリンダーに給気される。

　OEC−3形は新20系のオリジナル車にも採用。10系をVVVFインバータ制御化した10A系はOEC−2形からOEC−3形に換装された。

●OEC−4形

　OEC−3形からの改良として、電気演算方式を使用している。総合ブレーキ力（空気＋回生）を計算し、回生ブレーキ力が不足している場合に空気ブレーキを補足する。また、TASC装置を利用した場合には、ブレーキステップが31段階で変化可能である。

10系は唯一の電機子チョッパ制御車だったことから、OEC−2形は"特権"と化した。回生ブレーキについては、2代目20系以降の新型車両に受け継がれてゆく。

　OEC−4形は66系前期車で採用。このほか、車両によって派生型もある。

●OEC−4M形

　66系後期車、30000系、新20系リニューアル車。

●OEC−4L形

　70系。

●OEC−4LM形

　80系。

日本では2番目ながら、第3軌条初、地下鉄初、普通鉄道初、VVVFインバータ制御の新型車両

1歩先をゆく大阪市交通局

昭和の時代、大阪市交通局は東京の営団地下鉄や都営地下鉄（東京都交通局）に比べ、地下鉄では"1歩先をゆく"傾向にあった。代表的なものをあげると、世界初の駅冷房、エスカレーターやエレベーターの導入、自動改札機の普及（関西の大手私鉄なども含む）、第3軌条車両の冷房実用化、

2代目20系は10系ベースながら、アルミ車体は構造の見直しにより、より美観が強調されたほか、冷房装置もさらに薄型化。これらは10系第17編成以降にも反映された。

車内自動放送装置の搭載など。また、1986年12月11日（木曜日）、御堂筋線の駅にプラズマディスプレイの行先案内表示器を導入。その後、LEDに取って代わられたが、表示の仕方については同業他社も追随した。

日本の第3軌条としては初の直流750ボルト化、電気連結器、電機子チョッパ制御、回生ブレーキの導入などがある。そして、エポックメイキングといえるのが、第3軌条初、地下鉄初、普通鉄道初のVVVFインバータ制御を実用化したことだ。

構想から5年で実用化

今や電車では標準搭載となったVVVFインバータ制御のVVVFは「Variable Voltage Variable Frequency（可変電圧可変周波数）」の略で、主電動機の交流モーターを制御する。整流子とカーボンブラシが不要なのでメ

ンテナンスが容易、整流子を不要としたことでモーターの出力をアップできるので、編成中の電動車の数を減らせる（イコール消費電力も低減できる）、編成全体の軽量化が図れるというメリットがある。

　日本のVVVFインバータ制御は営団地下鉄が最初に取り組み、1978年に6000系ハイフン車（1次試作車）を用いて現車試験を実施。素子は逆導通サイリスタを用いたが、実用化には至らなかった。

　大阪市交通局では、1979年9月に「地下鉄の小型化に関する調査検討委員会」を設立。地下鉄の小型車両を開発、実用化するには、台車や機器類の小型化が重要という認識があった。

　そこで車両技術者が注目したのが交流の誘導電動機である。直流電動機に比べ、起動時の牽引力が小さく、速度制御も難しいという欠点があった。幸い半導体の技術が進歩したことで、東芝、三菱電機、日立製作所の協力により、GTOを用いたVVVFインバータ制御を開発し、2代目100形で現車試験を実施することになった。成功すれば、地下鉄の小型車両だけではなく、一般的な鉄道車両にも導入できる。

　1981年7月2日（木曜日）から1982年4月23日（金曜日）まで試験を実施。当初は素子が何度も壊れてしまうなど、数々の課題に直面したが、その都度解決策を見出した。中央線での深夜試験も27回実施し、手応えを得た。これにより、次の新型車両はVVVFインバータ制御に決まった。

　ただ、実用化第1号は、1982年に登場した熊本市交通局8200形である。素子は営団地下鉄が取り組んでいた逆導通サイリスタで、日本唯一の採用例となった。

　1984年3月、実用化第2号、第3軌条初、地下鉄初、普通鉄道初という多くの快挙を引っ提げて、VVVFインバータ制御の新型車両2代目20系が登場した。素子にGTOを正式採用した初のVVVFインバータ制御車でもある。9か月に及ぶ試運転の末、12月24日（月曜日）に中央線でデビューした。

　2代目20系の快挙はこれだけではない。

　2004年から2006年にかけて、高速化改造に伴い、VVVFインバータ制御をIGBT素子に換装。「VVVFインバータ制御の車両が別のVVVFインバータ制御に取り換える」という初の事例となった。ちなみに8200形は2006年から2007年にかけて、VVVFインバータ制御を換装した。

Osaka Metro
Daikenkyu
4 - 5

第3軌条地下鉄唯一の 地平の終着駅、谷町線八尾南

地下鉄とは思えぬほどの立派な終着駅

地下鉄は地下や高架を建設するのが一般的ながら、地平に建設することもある。例えば、東京メトロは丸ノ内線茗荷谷—後楽園間、日比谷線北千住—南千住間が該当する。

　一方、Osaka Metroも谷町線八尾南が地平に立地する。しかも第3軌条の地下鉄では唯一の地平駅で、なおかつ終着駅でもある(注：茗荷谷駅のホームは地平と地下にまたがるため、完全な地平駅ではない)。

　ホームは島式の2・3番線で、1番線は存在しない。また、ホームは「半地下」という名目だが、そのような雰囲気もなく、地上そのもの。車止めの先は雑草で生い茂っており、終着駅の風情を感じさせる。地下鉄らしからぬたたずまいの駅だ。

　駅舎は4階建てのビルで、

右側の線路は1番線という扱いだが、ホームはなく、線路は隣の2・3番線より長く延びている。周囲に建造物がなければ、ローカル線の終着駅と勘違いしそうな雰囲気だ。

2階コンコースに飾られているレリーフ。本物が飾られていないとはいえ、八尾南延伸が難工事だったことを物語る。

八尾車庫は22系を中心に休息を取っているが、2026年以降は状況が変わりそうだ。

ホームは１階、改札口は２階にある。３・４階はテナントを構えているのかと思いきや、乗務所、検車や保線など技術関係の事務所である。それでも"地下鉄の駅ビル"は日本初であることに変わりなく、地元の人々にとっても八尾南駅がどこにあるのわかりやすく、シンボル的な存在であろう。

遺跡の発掘で開業が１年遅れる

　八尾南駅の２階コンコースには、須恵器やかめ棺のレリーフが飾られている。

　谷町線天王寺―八尾南間の延伸が進められていた1974年６月、長原―八尾南間が埋蔵文化財の包蔵地であることから、当該エリアの工事に先立ち、遺跡の発掘調査を実施したところ、縄文時代晩期の住居址、古墳時代後期の水田址、平安時代の火葬墓、室町時代の遺構などが発見された。大規模な複合遺跡は「長原遺跡」と命名された。

　続いて八尾南駅付近でも遺跡が発見され、「八尾南遺跡」と命名された。

　考古学的な発見になったことから、さらなる調査の必要が生じ、工事は工区によって１年から１年半にかけて中断。オイルショックの影響も重なり、建設費が1343億円に膨れ上がる誤算も生じた。

　谷町線天王寺―八尾南間は当初の予定より１年遅れ、1980年11月27日（木曜日）に開業した。見方を変えれば、南港ポートタウン線中ふ頭―住之江公園間も含め"松坂世代の開業区間"である。

　ちなみに、八尾南で折り返す列車、八尾車庫に留置されている車両は、車止めの先に建設された駐車場で撮影することができる。

地下鉄初の空港アクセス駅も 谷町線八尾南だった

鉄道史上初、線路の隣に滑走路

　谷町線八尾南は "意外性" という意味で面白い駅だ。地図では地下を出た直後、大阪市から八尾市に変わる。駅舎もビルである。

　見どころはまだある。八尾車庫とスロープの隣には、八尾市と大阪市にまたがる約 9.2ヘクタール（八尾市域が約 7.1ヘクタール、大阪市域が約 2.1ヘクタール）に及ぶ広大なアスファルトの多くで雑草が生えている。実は1980年11月27日（木曜日）の開業時、そこには八尾空港の民間機用の滑走路と基地

広大な滑走路跡地が40年近くにもわたり、手つかずの状態が続く。地元の人にとっては "日常の光景"。それ以外の人にとっては "異様な光景" に映り、強烈なインパクトを放つ。

が存在していた。

》》八尾空港、波瀾万丈の歴史《《

　八尾空港は1934年、農地の埋め立てにより、東西700メートル、南北300メートルの草地による滑走路が完成したのが始まり。1935年に阪神飛行学校が設立され、乗組員を育成した。

　わずか３年後の1938年、逓信省の米子航空機乗員養成所阪神文教場となり、1939年には大正飛行場に改称。1941年から1944年にかけて、第２次世界大戦の影響で日本陸軍用の飛行場となり、敷地も拡張された。

　1945年８月15日（水曜日）の終戦後、アメリカ軍に接収され、阪神飛行場と呼称。９年にわたり、航空隊、レーダー隊、ヘリコプター隊の連絡基地として使われた。

　1952年４月28日（月曜日）に対日平和条約（日本とアメリカとのあいだの安全保障条約で「サンフランシスコ平和条約」とも称す）が発効。７月15日（火曜日）に航空法が制定されると、アメリカ軍は日本の新聞社といったメディアなどの航空機使用事業者に区域限定で開放した。その後、民間飛行の関係者、地元の農民、自衛隊が返還運動に乗り出す。

　1954年８月１日（日曜日）、日本に全面返還されると、地元の農民は農地解放を求めた。その後、衆議院大蔵委員会は飛行場施設を運輸省航空局の管理とし、残余の土地は耕作農家に払い下げることを決めた。

　1956年３月に飛行場の諸整備が完了し、八尾飛行場に改称。民間機用の第１号空港として再出発を果たす。1961年５月には空港整備法に基づく第２種空港に指定され、八尾空港に改称された。

　以降は小型機専用飛行場として、新聞社といったメディアの基地として民間機やヘリコプターが常駐、官公署の海上保安庁、陸上自衛隊、大阪府警、大阪市消防局の航空隊のほか、自家用機も集う。このため、国内線や国際線といった旅客機の発着はない。

　このほか、1976年７月25日（日曜日）から８月２日（月曜日）まで日本婦人航空協会開設25周年記念として、女性パイロットによる日本１周を実施。最終日は八尾空港が離陸の舞台となり、東京都の調布飛行場に帰還した。

谷町線八尾南延伸後、改良工事に乗り出す

　八尾空港が阪神飛行学校として歴史が始まってから、滑走路の東西は700メートルから1490メートルのＡ滑走路、南北は300メートルから1200メートルのＢ滑走路に拡張された。しかし、ここにはさまれた三角地帯は耕作が続いていたため、民間機用の基地が集約できない難点があった。

　1969年頃から、運輸省は八尾空港西側の民間機用の基地を三角地帯に移転する計画を立て、農家に離農補償についての交渉を開始。合意に至るまで約11年の歳月を要した。奇しくも合意を得た時期は谷町線天王寺―八尾南間の延伸開業だった。

　1982年に八尾空港新ターミナル地域整備の基本計画が作成され、工事に着手。1984年４月に完成し、民間機用の基地は７月に移転した。

　その後、Ａ滑走路と旧民間機用の基地をつなぐ滑走路が分断され、ここを縦断する一般道路は、地下による立体交差から地平に変更された。

将来は複合機能都市の拠点を目指す

　八尾空港の改良工事完成後、八尾車庫とスロープの隣は「八尾空港西側跡地」という国有地になり、現在は国土交通省大阪航空局が所管する。

　長らく更地と化しているが、2022年３月に大阪航空局、財務省近畿財務局、大阪市、八尾市で構成する「八尾空港西側跡地検討会議」を発足し、民間に売却して商業施設や住宅といった複合機能都市の拠点を目指す。谷町線にとっては新たなポテンシャルになりそうだ。

第3軌条初の海底トンネル

当初は新交通システムが通る予定だった

　中央線の大阪港咲洲トンネルは総延長2355メートルの海底トンネルで、我が国では初の鉄道・道路併用トンネルとなった。外側は道路と避難用の通路、内側は鉄道という構造である。

　建設のきっかけとなったのは、1983年に大阪市政100周年記念事業のひとつとして、大阪湾の約775ヘクタールを埋め立て、都市機能を集積したテクノポート大阪の計画を発表したことだ。1985年に基本構想、1988年に基本計

大阪港咲洲トンネル付近にかかる歩道橋は、海と海底トンネルが同時に望める。しかも、海底トンネルは鉄道と道路(以前は有料道路だった)が一体化しており、合理的な構造である。

画を発表した。

　注目はテクノポート大阪へのアクセス鉄道で、開発利益と民間活力の導入が図りやすいという理由で、第3セクター方式による整備が決まった。大阪市の要請を受けた大阪南港複合ターミナルは、初めて鉄道に取り組んだ。

　アクセス鉄道は南港・港区連絡線大阪港—コスモスクエア—中ふ頭間に建設し、南港ポートタウン線との相互直通運転が決定。このうち大阪港—コスモスクエア—トレードセンター前間は鉄道事業法による第1種鉄道事業者の免許、トレードセンター前—中ふ頭間は軌道法による特許が1988年12月に認可された。

　大阪市政100周年の1989年に入ると、大阪市港湾局が南港トンネル（仮称。現・大阪港咲洲トンネル）、大阪南港複合ターミナルは南港・港区連絡線の建設に着手する。8月1日（火曜日）に現在の大阪港トランスポートシステムに商号変更した。

　その後、夢洲、舞洲方面への延伸構想、コスモスクエアがある咲洲地区の開発が具体化したことで、輸送力が小さい新交通システムだとパンクの恐れが出てきた。これに伴い、コスモスクエア—中ふ頭間は従来通りの新交通システム、大阪港—コスモスクエア間は普通鉄道に変更のうえ、中央線との相互直通運転を1992年12月1日（火曜日）に発表。1993年3月26日（金曜日）に機種変更が認可された。

　新交通システム史上初の海底トンネルはマボロシとなったが、第3軌条では史上初の海底トンネルとなった。

海底部は沈埋工法で建設

　大阪港咲洲トンネルは、コスモスクエア側の陸上トンネル900メートル、大阪港側の陸上トンネル430メートル、海底部1025メートルは沈埋工法によるトンネルという構成。沈埋工法は軟弱な地盤でも沈下対策を必要としないメリットがある。高さ8.6メートル、幅35.2メートル、長さ103メートル、重量約3万トンの沈埋函を10個つないだ。トンネル最深部の海面下は22メートルで、青函トンネルの240メートルに比べると格段に浅い。

　沈埋工法によるもうひとつのメリットは、トンネルの取りつけ部分の距離

を短くできること。大阪港側を最大40パーミルの急勾配にすることで、大阪港駅は大規模な改良工事をせずに済んだ。

　大阪港トランスポートシステムは24系ベースのOTS系、100A系ベースのOTS100系を導入し、1997年12月18日（木曜日）に開業。中央線と相互直通運転を行なうコスモスクエア―大阪港間は「テクノポート線」、南港ポートタウン線と相互直通運転を行なうコスモスクエア―中ふ頭間は「ニュートラムテクノポート線」と案内した。その後については第2章で述べたとおりである。

> ## 海底トンネルは続く

　大阪港咲洲トンネルの道路はコスモスクエア駅付近で地上に出て、しばらくすると夢洲トンネルという海底トンネルにもぐるのに対し、コスモスクエア駅は大阪港咲洲トンネルを抜けたあとも地下トンネルという、まるで海底駅と錯覚しそうな駅である。

　この先、夢洲方面へは地下トンネルから海底トンネルに進み、夢洲に上陸すると地下トンネルに変わってゆく。このため、地上からの海底トンネルの出入口は1か所のみである。

　2024年度末頃にコスモスクエア―夢洲間が開業すると、ひとつの列車で複数の海底トンネルを通るのは、JR貨物の長距離貨物列車、東京臨海高速鉄道以来3例目となる。

　大阪港トランスポートシステムは夢洲から先、新桜島まで第1種鉄道事業者として認可されている。すでに道路は橋でつながっており、鉄道も地上で海を越えるのか、それとも海底トンネルなのか気になるところだ。

　ちなみに大阪府は1987年まで日本でもっとも面積が狭い都道府県だったが、埋め立てによる人工島の造成が進み、1988年には香川県を抜き46位に浮上した。

第3軌条路線で、もっともスケールがある
御堂筋線西中島南方—中津間の新淀川橋梁

≫ 国鉄が動くと大阪市交通局も追随 ≪

　国鉄は1960年1月、東海道本線東淀川駅、宮原電車区（現・網干総合車両所宮原支所）、北方貨物線（東海道本線の貨物支線）の付近に東海道新幹線新大阪駅の建設を発表した。当時、大阪駅周辺が開発されつくしており、東海道新幹線のホームを建設できる余裕がなかった。

　この一報を受け、大阪市交通局は御堂筋線梅田以北の延伸を検討する。以前より榎坂—我孫子間の建設は認可されており、梅田以北は一部で工事をし

御堂筋線西中島南方—中津間は絶景車窓を展開。付近の東海道本線と御堂筋線の旅客列車は、同時刻に同一方向で渡ることが多い。速度は東海道本線の旅客列車が歴然としている。

ていたが、第2次世界大戦の影響で中止されていた。

　梅田以北は東海道新幹線のほか、大阪府が吹田市と豊中市にまたがる千里ニュータウンの着工も相まって、梅田—新大阪間の延伸が決定。当初は全区間地下、開削工法を基本に、中津—西中島南方間の淀川をくぐる際はシールドトンネルで施工する案があった。

　しかし、当時は全国的にシールドトンネルの施工例が少なく、技術的な研究が必要な状況であること、すでに淀川の橋脚と橋台は、鉄道・道路併用橋の吊り橋及び鋼桁橋として、1939年に建設後、第2次世界大戦の影響で中止されたことから、約20年の沈黙を経て活用することになった。

　梅田—中津間は地下、中津—新大阪は地上の橋梁と高架での建設が決まると、大阪市土木局と京都大学が共同で淀川の橋脚と橋台を調査。亀裂や傾斜が確認されたものの、かさ上げ補強をすれば充分な使用に耐えられることから再使用を決めた。ただし、これらは鉄道専用橋とし、道路は両隣に新規建設することになった。

開床式ランガー桁橋梁

　新淀川橋梁は全長734メートルのうち、淀川の真上を通る115メートルについては安定性、美観などを考慮し、開床式ランガー桁を採用。事前に模型を製作して実験し、課題点を洗い出すことで万全盤石の態勢を整えた。

　1962年11月から準備工事に入り、1963年2月から架設に着手。その際、淀川の中に「仮設の指示構造物」であるステージを設置することで、橋の部材を仮受けし、橋げたを組み立てるステージング工法を選択。あらかじめ工場で製作した部材を現地で組み立てた。

　工事は若干の工程変更が発生したものの、大きな混乱もなく10月に終了。「橋脚と橋台は戦前、橋梁は戦後に建設」という珍しい橋梁が完成した。

　その後、道路の建設に着手。東海道本線側にひとまず橋を架け、片側2車線の対面通行とした。のちに阪急側にもう1本が建設され、走行方向が分離された。現在では〝「国道423号線新御堂筋」という名のクルマの大動脈〟を築いた。

　ちなみにシールドトンネルによる工事は谷町線、「淀川をシールドトンネルでくぐる」という案は、今里筋線だいどう豊里—太子橋今市間で実現した。

独自に開発した 「電子警報音」という警笛

オリジナルの電子警報音

芸能界では、ビートたけしさんの「コマネチ」、タモリさんの「明日も見て、くれるかな？」と言ったあと、観客が「いいとも！」と返すなどの定番ネタを「お約束」と称する。そして、Osaka Metroでも大阪市交通局から続く"お約束"がある。それはなにか？

「ヴォーン」

左側の新20系（写真は21系）は新製当初より電子警報音を搭載。右側の10系（写真は10A系）は第25・26編成を除き、リニューアルを機に警笛を電子警報音に取り換えた。

列車の入線時や発車時に鳴らす警笛だ。たとえホームドアの設置が進んでいても、ホームの安全確保という観点で使われている。このほか駅間に「笛」を表示した汽笛吹鳴標識があり、運転士は必ず鳴らす。

現在、Osaka Metroの車両に搭載する警笛は電子警報音というオリジナル。当時の職員がシンセサイザーを駆使して開発したという。1988年に70系試作車で試験的に搭載されたあと、1989年から10系と2代目20系の増備車で本格採用の運びとなった。

1990年に新20系、66系が登場すると、既存車両も電子警報音に順次更新され、2011年に完了した。

10系の象徴にもなった電子笛

　それ以前の警笛は電子笛で、1973年の30系増備車を皮切りに、初代20系、10系、２代目20系にも搭載された。

　特に御堂筋線の30系と北急2000系は空気笛の非冷房車に対し、10系は電子笛の冷房車なので、ホームで列車を待つ乗客にとっては、わかりやすい車両だったようである。

　10系量産車の投入で1979年６月20日（水曜日）に冷房ダイヤが始まると、「プアーンに乗った？」が朝のあいさつ代わりになるほど。また、電子笛を耳にしたとたん、汗が引っ込む乗客もいたという。それだけ10系の反響が高く、人々にとっては“超快適な車両”という表れと言えよう。

　電子笛は阪急が標準装備、JR北海道のキハ54形500番台、宇都宮ライトレールHU300形などにも搭載され、「プアーン」という音色はコクがあってキレがある。関東地方にも電子笛の車両が多いものの、ペダルを深く踏み込むと空気笛に変わるせいか、音色が異なる。

　このほか、60系は電気笛を採用。66系では簡易運転台つき中間車の66700・66800形に搭載されている。なお、30系初期車やそれ以前の車両は空気笛である。

他社車両の警笛

　相互直通運転の車両に目を向けると、阪急は先述したとおりの電子笛。ワンハンドルマスコンの運転台にボタンがついており、「電気笛」と表示されているが、メーカーは10系などで使われていたものと同一である。下には空気笛のペダルがある。関東地方の車両と異なり、別々に配置されているのが特長だ。

　北急は8000形ポールスター号から「ポヨヨヨヨーン」という風変わりな警笛、近鉄は「ビーッ」という自動車のクラクションを連想させる警笛を鳴らし、異彩を放つ。

一部の車両にＡやＢがつく理由

▷ Aはモデルチェンジの証 ◁

　鉄道車両は量産中の小規模な変更を「マイナーチェンジ」、大規模な変更を「モデルチェンジ」という。例えば、66系後期車、30000系の御堂筋線用はマイナーチェンジにあたる。

　モデルチェンジの代表例はJR北海道のキハ183系500番台で、既存車の混結を前提としつつ、デザインの見直し、ディーゼルエンジンのパワーアップ、ボルスタレス台車の採用、車内設備のグレードアップを図った。

　マイナーチェンジ、モデルチェンジとも、設計変更を行なう際、監督官庁に対して申請し、許認可を受ける。その際、申請書の記載要領（国土交通省の事務連絡による）に「構造及び装置が異なる車両毎に記号番号と区分できるように記載」とある。

　大阪市交通局時代からこれをもとに、主要な構造を変更する場合は車系の後ろにAを追加している。

▷ 旧型の1000形と1200形は初期車の「A」とモデルチェンジ車の「B」に分かれる ◁

　最初のアルファベットつき車両は1000形で1953年に登場し、19両を投入。当時はアルファベットのつけ方が異なる。

　1000形は初代100形からの単行車を継承しつつ、車体は丸みを帯びた形状になった。また、直流750ボルトと1500ボルトの複電圧仕様から、750ボルト専用になり、現在の礎を築く。

　1956年にモデルチェンジの４両が増備され、方向幕の新設、前照灯を１灯から２灯に増やし、フロントガラス下に配置、車内の室内灯を白熱灯からグ

ローブつき蛍光灯に、通風器を電動送風機からファンデリア(軸流送風機)に
それぞれ変更された。

　これを機に1001〜1019は「1000A形」、1020〜1023は「1000B形」に呼称された。なお、1006は集電装置付近から出火した焼損事故のため、1000B形として復旧。併せて運輸省の指導で集電装置に可溶器を取りつけ、1024に改番された。

　次のA・B車両は1200形で1958年に登場し、まずは5月に23両を投入。この車両から初代100形から続いた淡黄色と紺色のツートンカラー、乗降用ドアのみ銀色のカラーリングから、アイボリーとオレンジのツートンカラーに変更された。1100形に倣い、片運転台としたほか、1200形から乗降用ドアも片開きから両開きに変更された。

　8月に5両が増備されると、キーストンプレート上の中間床材がマグネシアセメントからポリエステル板に変更され軽量化。台車に合成制輪子を採用し、固定軸距を2300ミリから2200ミリに短縮された。これを機に1201〜1223は「1200A形」、1224〜1228は「1200B形」に呼称された。

　なお、1200形は1975年3月、10系の登場に先立ち、2代目200形に変更。1980年11月27

「A」の基準を確立したニュートラムの100A系。当初は輸送力増強用だったが、その後は100系を置き換えた。

VVVFインバータ制御に換装後、取り外した機器は10系第4〜16編成の予備品として有効活用した。

160

日（木曜日）の谷町線天王寺—八尾南間の開業による輸送力増強で中間車化改造され、50系に編入された。

1990年代に入ると増備途中のモデルチェンジ車から「A」を付与

　次のモデルチェンジ車は南港ポートタウン線用の100系で、1991年にステンレス車体、前面デザインの左右非対称化、台車の懸架装置をスイングアーム式から並行リンク式に変更するなど、大幅に刷新され、「100A系」となった。
　2022年4月に登場した30000A系は台車構造を変更したため、「A」が付与された。

改造車では唯一「A」がついた10A系

　これまでのA・B車両は新製車だったが、改造車にもAが適用されたケースがある。
　10系は1998年からリニューアルが進むにつれ、制御装置関係の故障が増えた。大阪市交通局は「車齢25年を制御装置の寿命期」と判断し、更新計画を立てる。しかし、VVVFインバータ制御の普及により、電機子チョッパ制御の主要部品である大容量逆導通サイリスタの製造が終了していた。
　そこで2006年7月から、10系後期車を対象にリニューアル車の制御装置をIGBT素子のVVVFインバータ制御に換装されることになった。併せて6M4Tから5M5Tに変更され、「10A系」として再出発した。

御堂筋線10系と10A系

← なかもず										千里中央 ➡
号車		1号車	2号車	3号車	4号車	5号車	6号車	7号車	8号車	9号車	10号車
10系	形式	1800形	1500形	1400形	1700形	1600形	1200形	1300形	1900形	1000形	1100形
	車種	Tec	M2	M1	T	T´	M1´	M2p	T	M1	M2ec
10A系	形式	1800A形	1500A形	1400A形	1700A形	1600A形	1200A形	1300A形	1900A形	1000A形	1100A形
	車種	Tec2	Mb2	Ma2	T	T´	Ma1´	Tbp	Mb1	Ma1	Tec1

4号車は弱冷車、6号車は女性専用車両（平日終日）。

ゆびづめごちゅうい！

独特の言葉が多い関西

関西は他地方とは異なり、独特の言葉が多い。いくつかあげると、駐車場を「モータープール」、しまうを「なおす」、捨てるを「ほかす」、肉まんを「豚まん」、刺身を「お造り」、ふぐちりを「てっちり」、アイスコーヒーを「コールコーヒー(喫茶店などでの注文時はレイコー)」7月を「ななつ」、7時を「ななじ」弱冷房車を「弱冷車」と称す。

"究極の関西言葉"と言えるのは「指を詰める」だ。

ここでの「詰める」は指先の部分をはさみ込むという意味である。

ホームでの注意喚起案内は10系のイラストが用いられた。2022年7月4日(月曜日)の引退後も継続されている。

『広辞苑』第四版（岩波書店刊、1991年発売）で「指を詰める」をめくってみると、意外なことに「①詫びや誓いの証しとして自分の指の先を切る。②ドアなどで指をはさむ。」と意味が掲載されている。

関西では普通に掲示されていた「ゆびづめ」

大阪市交通局は1965年5月から地下鉄車両の乗降用ドア窓の外側に「ゆびづめごちゅうい！」という注意喚起ステッカーの掲示を開始した。「乗降用ドアが開く際、戸袋に手を引き込まれないよう御注意ください」というニュアンスである。

このステッカーは特殊広告（タイアップ広告）の扱いで、上段にフレーズ、中段に怪獣と思われる動物が少年の左手をかもうとするイラスト、下段に企業広告をひとつにまとめた。これにより、経費の削減と広告料の増収を図った。

また、乗降用ドア窓の内側（窓が小さい場合はその下）に「扉に注意」という注意喚起ステッカーも貼付され、人差し指のピクトグラムを添えた。

ゆびづめステッカーは関西の鉄道では"ごく普通のアイテム"だったようであるが、関西以外の人々にとっては「暴力団を連想させる」言葉であること、乗客の指摘などもあり、大阪市交通局は1986年5月から「ひらくドアにごちゅうい！」という、万人にわかりやすい表示に変更。以降、関西の鉄道も「ゆびづめ」の表現を順次とりやめ、1999年夏の阪神を最後に消滅した。

車内でもマナーに関する注意喚起を行なう。東京の鉄道の車内で、このような案内を見たことがない。

駅名、路線名あれこれ

駅名は漢字でも案内上はひらがな

東京の日本橋は威厳と風格がある半面、上に首都高速が建つ難点もある(写真上)。一方、大阪の日本橋は観光バスなどの乗降場を設置、下はクルーズ船の折り返し地点という"交通の要衝"(写真下)。

1935年10月30日（水曜日）に御堂筋線心斎橋—難波間が延伸された。当時は地名通り「難波」と案内していた。その後、1965年10月1日（金曜日）に四つ橋線大国町—西梅田間が開業すると、途中駅に難波元町が新設されたが、漢字4文字では読みにくいという理由で「なんば元町」と案内した。また、御堂筋線の難波とはつながっていなかった。

この2つが乗換駅として発展したのは、1970年3月11日（水曜日）に千日前線桜川—谷町九丁目間が延伸開業したこと。御堂筋線

難波と四つ橋線難波元町の下に千日前線の難波を新設し、3路線がつながったのだ。これに伴い難波元町は難波に改称。併せて読みやすさの観点から、3路線ともひらがなの「なんば」で案内することになった。ちなみに南海のなんば駅も同様である。

なお、"駅名は漢字、案内名称はひらがな"という図式は、御堂筋線のあびこ(駅名は我孫子)、なかもず(駅名は中百舌鳥)があり、開業当初から適用された。

同じOsaka Metroの駅名でも所在地が異なる

大阪都心のひとつ、天王寺。谷町線の天王寺駅はJR西日本と同じ天王寺区に所在するのに対し、御堂筋線の天王寺駅は近鉄南大阪線の大阪阿部野橋駅、阪堺電気軌道上町線の天王寺駅前電停と同じ阿倍野区に所在する。JR西日本天王寺駅舎を境に天王寺区と阿倍野区が分かれるためだ。

このため、御堂筋線と谷町線は地下の連絡通路で区をまたぐ。日本の地下鉄で同じ駅名なのに所在地が異なるという、ある意味レアな駅と言える。

東京の日本橋(にほんばし)と大阪の日本橋(にっぽんばし)

東京と大阪の地下鉄で、同じ駅名が2つ存在する。

1つ目は「日本橋」という漢字で、東京は「にほんばし」に対し、大阪は「にっぽんばし」である。

東京の日本橋(にほんばし)は江戸時代の1603年に架橋され、1604年から徳川幕府直轄の東海道、中山道(なかせんどう)、奥州道中、日光道中、甲州道中の起点として定められた。1911年から石造2連アーチ橋に変わり現在に至る。ちなみに架け替えの回数は20回に及ぶ(19回という説もある)。

木造時代の1882年から東京馬車鉄道が日本橋(にほんばし)を渡り、鉄道・道路併用橋の役割を担う。1903年から"東京電車鉄道"という名の路面電車"に衣替え。のちに東京市電、東京都電へと変わってゆく。

1932年12月24日(土曜日)に東京地下鉄道の日本橋(にほんばし)駅が開業した。現在は商業施設やオフィスビルが立ち並ぶ都心の1等地である。また、半蔵門線の三

越前駅は日本橋（にほんばし）北詰に所在する。

　一方、大阪の日本橋（にっぽんばし）は1615年に架橋されたという、徳川幕府直轄の公儀橋のひとつ。漢字は同じでも、読み方が異なる理由については現在も謎に包まれている。

　木造を脱したのは大阪が早く、1877年に鉄製の橋に架け替え。1912年には大阪市電を通すため、鋼橋として鉄道・道路併用橋の役割を担う。

　1969年、堺筋線建設工事のため、5回目の架け替えを実施。12月6日（土曜日）に日本橋（にっぽんばし）駅が開業した。

　この界隈の20世紀の戦前は古書店街、戦後は「でんでんタウン」と称する電気街としてにぎわっていたが、2001年11月22日（木曜日）、JR西日本初代本社（旧国鉄大阪鉄道管理局）の跡地にヨドバシカメラのマルチメディア梅田がオープンすると衰退。その後は〝オタク文化の街〟に変化した。

　同じ駅名のもうひとつが京橋。地名の由来を紐解いてみると、東京の京橋は江戸時代初期に「東海道を京都へのぼる最初の橋」であることから名づけられた。

　一方、大阪の京橋も京街道の起点にあたることから、「京都への橋」という意味で名づけられた。いずれも京都に関連している。

四つ橋線と四ツ橋駅 ──「TSU」だけ字が異なる理由──

　四つ橋線は公道の四つ橋筋に由来するのは先述した通り。ところが駅名の四ツ橋はなぜかカタカナである。

　その由来は所在地が大阪市西区北堀江ながら、長堀通に交わる交差点の名称が「四ツ橋」であることから、この駅名に決まった。

　なお、「四つ橋」「四ツ橋」の由来は、かつて近辺に上繋橋（かみつなぎばし）、下繋橋（しもつなぎばし）、炭屋橋、吉野屋橋があったことからついた地名である。

　当時の大阪市交通局は駅名を決める際、所在地、交差点名、周辺の有名な公共施設、地域住民に親しまれている呼び名などを総合的に勘案している。

新大阪駅の開業日が国鉄より1週間早くした理由
──波瀾万丈の新大阪駅──

戦前より計画されていた新大阪駅

　戦前の1939年頃、東海道・山陽新幹線の前身といえる弾丸列車が計画され、東京―下関間を最高速度160km／h、 9時間で結ぶものだった。ルートの選定は難航したようで、1941年9月9日(火曜日)、弾丸列車の停車駅となる新大阪駅、新神戸駅の位置が内定した。新大阪駅は現在とほぼ同じ位置、新神戸駅は神戸刑務所の北側付近だった(現在、神戸刑務所は兵庫県明石市に所在)。

　第2次世界大戦の激化により、弾丸列車計画が事実上の白紙となってしまったが、1960年1月に東海道新幹線新大阪駅の建設が決まった。1階は東海道本線ホーム、中2階は連絡広場と駅施設、2階は御堂筋線ホームと道路(のちの国道423号線新御堂筋)、3階は新幹線ホームという構造で、東海道本線、御堂筋線と道路をまたぐ。さらに御堂筋線ホーム北側の上に阪急の計画線と交差することになった。

用地買収がうまく進まず

　御堂筋線新大阪駅のホームは幅員12メートル、有効長180メートルの島式に決定。新幹線や阪急計画線からの乗り換え客に備えた。併せて、戦後の大阪市営地下鉄では初めてエスカレーターを整備することになった。

　しかし、新大阪駅の用地買収に難航し、頑なに拒否する地権者も現れた。新幹線ホームは当初3面6線の予定だったが、開業後の運行に支障がないことから2面3線に落ち着き、将来増設する方向に落ち着いた。

　一方、大阪市交通局は国鉄以上の難題を抱えていた。新大阪駅は北側の工事が困難な状況に陥ったほか、手前の西中島南方駅及び西中島南方―新大阪間

167

1960年代後半の新大阪駅。御堂筋線と東海道新幹線の
ツーショットが容易に撮影できたほか、発展途上の姿
を表す貴重な写真でもある（提供：大阪市高速電気軌道）。

も用地買収に難航していた。

　なんとしてでも東海道新幹線開業までに間に合わせるべく、西中島南方のホームは当初予定していた島式から相対式に変更し、梅田—新大阪間の延伸開業後に駅の建設を想定した。幸い、その後は用地を確保したことから予定通り開業の運びになった。

　西中島南方—新大阪間はプレストレストコンクリート桁で建設する予定だったが、工期短縮のため、合成桁及び鋼桁構成に変更。橋脚は鉄筋コンクリートにした。

　そして、新大阪駅のホームは101メートルまで進んだあと、南端に板張りの仮設ホームを建設。本設と仮設の計158メートルを確保して、しのぐことに。また、トイレは国鉄と共用で浄化装置を設置することになった。

まさかのムチャブリ!!

　御堂筋線梅田—新大阪間の延伸は、東海道新幹線と共に1964年10月１日（木曜日）に開業するものと思われた。ところが、今岡鶴吉交通局長がなんと１週間早く開業するよう号令をかけた。

　その真意は「"地下鉄が新幹線開通に間に合わないのではないか？"と多くの（大阪）市民に多大の迷惑をかけたが、その心配を蹴飛ばして１週間前に開業し、大阪市交通局の実力を発揮して、余裕シャクシャクたるところを見せるのだ」というもの。大阪市交通局としての「意地」、国鉄への威信をかけた「誇示」が入り交じっていたようである。

　"鶴の一声＆ムチャブリ"で梅田—新大阪間の延伸工事を急ぎ、東海道新幹線開業に先立って、１週間前の９月24日（木曜日）に開業した。

　奇しくも、この日は国鉄の駅で東海道新幹線のきっぷが発売開始された。特に「〈ひかり１号〉新大阪行き１号車１番A席（当時は〈こだま〉も含め全

車指定席）」という、レールファンのあいだでは「1」が 3 つ並んだ"三冠
王キップ"と呼び、それをGETしようと大いににぎわった。プラチナチケ
ットを手に入れたのは、横浜市に住む当時22歳の男性会社員である。ちなみ
に、交通公社（現・JTB）と日本旅行会（現・日本旅行）に限り 9 月10日（木曜日）
から東海道新幹線のきっぷの発売を開始した。

　念のため、東海道新幹線を管轄するJR東海に問い合わせたところ、国鉄
新大阪駅が10月 1 日（木曜日）以前から窓口が開いて、きっぷを発売していた
のかについては資料がなく不明だという。

ようやく御堂筋線新大阪駅が完成

　梅田—新大阪間の開業後、日本万国博覧会の開催が決まると、新大阪—江
坂間の延伸とともに、新大阪駅を完成させることになった。1968年 3 月に着
手し、 1 年がかりで構想通りの姿になった。80メートルのホームが整備され
た北側には、阪急の乗り入れに備えて構造物を強化する準備工事が施された。
さらに江坂寄りに引上線を設け、将来の需要増加に備えた。

　ようやく阪急新大阪駅の用地が確保できたが、新大阪—十三間の計画が具
体化しないまま時が過ぎてゆく。その空間は2012年 7 月に新大阪阪急ビルが
竣工、JR東海も東海道新幹線用の27番線を建設し、2013年 3 月16日（土曜日）
のダイヤ改正で供用を開始した。

新幹線ホームの番線変更で一時はわかりやすい駅に

　国鉄新大阪駅が開業すると、東海道新幹線は 1 番線から、東海道本線は11
番線から振り、御堂筋線は 1 ・ 2 番線とした。その後、新幹線ホームが順次
増設され、1985年 3 月 9 日（土曜日）に山陽新幹線専用ホームの供用開始に伴
い、20〜26番線に変更した。

　これにより、 1 ・ 2 番線は御堂筋線、11〜18番線は東海道本線、20〜26
番線は東海道・山陽新幹線で、わかりやすくなった。

　分割民営化後、JR西日本はおおさか東線の全通に伴い、ホームを 1 面増
設することになり、2018年 6 月24日（日曜日）から 1 〜10番のりば（分割民営

化後、JR西日本は「のりば」と案内）に変更された。

「新大阪」は東京でも存在していた

新大阪に関するトリビアはまだある。

それは意外なことに明治時代から使われていた。それも東京で。読者の多くは目を疑っていることだろう。

1890年代、東京市日本橋区（現・中央区）に「新大阪町」という地名が存在していた。

さらに1899年9月、第一銀行（現・みずほ銀行）が東京市日本橋区新大阪町に新大阪支店がオープン。新聞広告に掲載された電話番号は「浪花千七百八十五番」を明記しており、大阪と勘違いしてもおかしくない。当時の電話は受話器をあげると、交換手につながり、通話先（この場合は浪花千七百八十五番）を伝えないと相手につながらない仕組みだった。

東京市日本橋区に燦然と輝いていたと思われる新大阪町は、1932年に大伝馬町と富沢町に分割され、消滅した。

一方、"本家"の大阪は新任の市長や知事が決まると、新聞紙上で「新大阪市長」「新大阪知事」というふうに紹介された。また、新大阪土地、新大阪ホテル、新大阪新聞社という企業も存在した。

1953年3月7日（土曜日）、関西の財界人30人が「新大阪テレビ会社（仮称）設立準備委員会」を結成。3年後の1956年11月26日（月曜日）、関西の経済各界、大阪読売新聞社が発起人となり、「新大阪テレビ放送株式会社」の設立を郵政省（現・総務省）に申請。紆余曲折の末、認可された。

1958年7月30日（水曜日）の臨時株主総会で「読売テレビ放送株式会社」に商号変更することが決定し、8月28日（木曜日）から日本テレビ系列のテレビ局として本放送を開始した。

新大阪駅の開業は、「新大阪」という言葉の"あり方"が一変したのである。

※新大阪駅については、『鉄道まるわかり005 新幹線のすべて』（天夢人刊）の62・63ページも御参照ください。

逸見政孝さんの故郷最寄り駅、御堂筋線西田辺

御堂筋線の西田辺駅は、人気司会者として一時代を築いた逸見政孝さんが生まれ育った町の最寄り駅で、開業から71年たった今も"昭和の雰囲気"が漂う。

西田辺駅

御堂筋線西田辺駅は、昭和町―西田辺間の延伸工事完成に伴い、1952年10月5日（日曜日）に開業した。当時、戦後の資材不足が影響し、限られた予算の中で早期完成を目指していたため、天王寺―西田辺間は道路交差部分を除き、開溝式構造（オープンカット）で建設した。開業後は掩蓋工事を行ない、1958年11月に完了。その上に府道28号線あびこ筋を建設した。

御堂筋線西田辺。土荷重が少ないため、ホームには柱がない。

西田辺駅開業当時の御堂筋線は3両編成で運転されていたが、乗客の増加により、1957年4月1日（月曜日）から5両編成、1958年5月1日（木曜日）から6両編成、西田辺―あびこ間が延伸開業した1960年7月1日（金曜日）から7両編成にそれぞれ増結された。現在は第3軌条路線最長の10両編成で運転されており、大阪市の大動脈として、大勢の乗客を運んでいる。

野球少年だった逸見さん

改札を出て、地上にあがる。電車の轟音が聞こえたので振り返ると、JR

大阪市阿倍野区阪南町。

西日本阪和線を走行する関空特急〈はるか〉が悠然と通過した。人気司会者として、一時代を築いた逸見政孝さんの地元は、大阪市阿倍野区阪南町。ここから徒歩10分のところに実家を構えていたという。

逸見さんは1945年2月16日（金曜日）、逸見家の長男として生まれた。実家は木造2階建ての五軒長屋で、父（銀行員）、母（缶詰工場の従業員）、祖母、弟（2学年下）の5人暮らしだった。

父の影響で"トラキチ"となった逸見さんの小中学校時代は、野球少年だった。しかし、クラブ活動やリトルリーグには入らず、早朝に登校するとグラウンドで"球場を確保"し、友達と遊んだ。実家近くの阿倍野高校に進学した逸見さんは、硬式野球部に入部した。「野球イコール遊び」という生徒がいなかったためだ。"本格的な野球をしよう"と志していたが、道具一式などは、すべて自分で買いそろえなければならず、母に頼めなかった。

逸見さんはマネージャーを志願し、監督は入部を認めた。その腕は一流だったようで、監督や選手からの信頼も厚かった。先輩の誘い（「大学野球部でもマネージャーになれる」と太鼓判を押した）もあり、関西学院大学の受験を決意するが失敗した。そのうえ、初恋の女性にもフラれた。

浪人生となった逸見さんは、夏のある日、「東京のテレビ局でアナウンサーになる」と決意（1968年4月、フジテレビにアナウンサーとして入社）。2回目の大学受験は早稲田大学、関西学院大学、同志社大学に挑み、すべて合格した。

逸見さんは前者を選択し、1964年4月に上京した。当時、東海道新幹線はまだ開業しておらず、国鉄特急の3等車で長時間揺られていた。

なお、逸見さんの著書、『素敵します 新装開店 いっつみぃさん』（講談社刊）で「3等車」と記述されているが、1960年7月1日（金曜日）に列車等級の1等（形式記号の「イ」に相当）が廃止され、2等（形式記号の「ロ」に相当）を1等、3等（形式記号の「ハ」に相当）を2等に変更となっており、おそらく2等車で上京したものと思われる。

※ハフポスト日本版（当時、ザ・ハフィントンポスト・ジャパン刊）より転載。一部加筆修正しています。

Osaka Metro 90年の歴史年表

1889年4月1日(月)	大阪市誕生。当時、市長が不在で、初めて登場したのは1898年10月12日(水)である。
1903年9月12日(土)	大阪市電(大阪市電気軌道)が開業。築港線花園町〜築港桟橋間を皮切りに、41年かけて路線網を拡大する。
1903年11月13日(金)	大阪市会で「大阪市街の鉄道網は大阪市が整備する」という方針が承認され、市内交通市営主義を確立。
1911年2月28日(火)	大阪市電気鉄道部を設置。
1923年10月1日(月)	大阪市電気鉄道部を「大阪市電気局」に改称。
1927年2月26日(土)	市バスが開業。
1933年5月20日(土)	御堂筋線梅田(仮駅)〜心斎橋間が開業。
1934年4月26日(木)	大阪市電で女性車掌を採用。大阪市営地下鉄も12月1日(土)から採用した。
1935年10月6日(日)	御堂筋線梅田が仮駅から本駅に移転。
1935年10月30日(水)	御堂筋線心斎橋〜なんば間が開業。
1938年4月21日(木)	御堂筋線なんば〜天王寺間が開業。
1942年5月10日(日)	四つ橋線大国町〜花園町間が開業。
1944年5月16日(火)	第2次世界大戦の影響で、大阪市営地下鉄の車掌がすべて女性に(一時的な措置)。
1945年8月15日(水)	昭和天皇のお言葉により終戦が発表される。
1945年9月11日(火)	大阪市電気局から「大阪市交通局」に改称。
1947年12月28日(日)	御堂筋線なんばを皮切りに列車表示接近器の設置が始まる。
1951年12月20日(木)	御堂筋線天王寺〜昭和町間が開業。併せて系統別によるダイヤパターンを開始。
1952年10月5日(日)	御堂筋線昭和町〜西田辺間が開業。
1953年9月1日(火)	トロリーバス第1号線大阪駅前〜神崎橋間が開業。その後、第5号線まで路線網を拡大する。
1956年8月6日(月)	御堂筋線梅田駅で世界初の駅冷房サービスを開始。
1960年7月1日(金)	御堂筋線西田辺〜あびこ間が開業。
1960年7月20日(水)	我孫子検車場が開設され、御堂筋線と四つ橋線の車両基地になる。
1961年12月11日(月)	中央線大阪港〜弁天町間が開業。
1963年6月1日(土)	御堂筋線の8両運転を開始し、23年にわたり続く。
1964年9月24日(木)	御堂筋線梅田〜新大阪間が開業。運賃は均一制から対キロ制に変更。
1964年10月31日(土)	中央線弁天町〜本町(仮駅)間が開業。
1965年10月1日(金)	四つ橋線西梅田〜大国町間が開業。
1967年3月24日(金)	谷町線東梅田〜谷町四丁目間が開業。併せてWS-ATC、CTCを導入。
1967年9月30日(土)	中央線谷町四丁目〜森ノ宮間が開業。地下鉄路線の既設区間(大阪港〜本町間)とつながっていない状況での開業は、日比谷線以来2例目。
1968年1月19日(金)	森之宮検車場を開設。当時は中央線、谷町線、千日前線の車両基地だった(現在は中央線と千日前線)。
1968年7月29日(月)	中央線森ノ宮〜深江橋間が開業。
1968年12月17日(火)	谷町線谷町四丁目〜天王寺間が開業。
1969年4月1日(火)	大阪市電が全廃。
1969年4月16日(水)	千日前線野田阪神〜桜川間が開業。
1969年7月1日(火)	本町総合駅が開業。これに伴い四つ橋線信濃橋は「本町」に改称し、御堂筋線、中央線の乗換駅になる。
1969年7月25日(金)	千日前線谷町九丁目〜今里間が開業。地下鉄路線の既設区間(野田阪神〜桜川間)とつながっていない状況の開業は、中央線以来3例目。
1969年9月10日(水)	千日前線今里〜新深江間が開業。
1969年12月6日(土)	中央線本町〜谷町四丁目間が開業し、既設の谷町四丁目〜深江橋間とつながる。 堺筋線天神橋筋六丁目〜動物園前間が開業。併せて、東吹田検車場を開設、阪急千里線及び京都本線との相互直通運転を開始。 大阪市営地下鉄の大阪市高速電気軌道各線に路線愛称とラインカラーが施行される。
1970年2月24日(火)	御堂筋線新大阪〜江坂間、北急の南北線江坂〜千里中央(仮駅)間、会場線千里中央(仮駅)〜万国博中央口間が開業し、相互直通運転を開始。
1970年3月11日(水)	千日前線桜川〜谷町九丁目間が開業。既設の谷町九丁目〜新深江間がつながる。 四つ橋線の元町は「なんば」に改称し、御堂筋線、千日前線の乗換駅になる。
1970年3月15日(日)〜9月13日(日)	大阪府吹田市で日本万国博覧会を開催。
1970年4月8日(火)	17時40分頃、谷町線天神橋筋六丁目駅付近の工事現場でガス爆発事故が発生。79人死亡、420人重軽傷、全半焼26戸、大破水損33戸、中小破355戸の大惨事に。海外メディアも報じるほどの衝撃だった。
1970年6月15日(月)	トロリーバス全廃。
1970年8月26日(水)	60系が鉄道友の会ローレル賞を受賞し、授賞式が執り行なわれる。
1970年9月14日(月)	北急会場線が廃止され、千里中央は本駅に移転。
1971年6月1日(火)	四つ橋線玉出駅で自動改札機の実用化試験を実施。
1972年6月5日(月)	四つ橋線西梅田駅で定期券発売機の供用を開始。
1972年11月9日(木)	四つ橋線玉出〜住之江公園間が開業。併せて全路線のATC化、CTC化が完了。四つ橋線北加賀屋駅でも自動改札機の実用化試験を実施。緑木町検車場(現・緑木検車場)を開設し、四つ橋線の車両基地となる。
1973年4月1日(日)	京阪神急行電鉄が「阪急電鉄」に商号変更。以前から「阪急」の名が広く浸透していた。
1974年4月20日(土)	自動改札機の整備が開始され、1984年3月31日(土)に完了した。
1974年5月29日(水)	谷町線東梅田〜都島間が開業。
1974年12月1日(日)	御堂筋線新大阪駅に自動精算機を設置。
1975年3月30日(日)	北急南北線江坂〜桃山台間に緑地公園駅が開業。
1975年4月12日(土)	中央線森ノ宮駅に誘導チャイムを設置。
1975年5月8日(木)	地下鉄車両のカラーリングをラインカラーを入れたものに順次変更される。
1975年12月1日(月)	優先座席を設置。昭和の時代、関西の鉄道では国鉄を除き、「シルバーシート(現・優先席)」という言葉を用いなかった模様。
1977年4月6日(水)	谷町線都島〜守口間が開業。併せて大日検車場を開設。
1979年6月20日(水)	10系の冷房運転がスタート。
1979年7月22日(日)	大阪市営地下鉄と市バスの連絡普通乗車券の発売を開始。
1980年11月27日(木)	谷町線天王寺〜八尾南間が開業。併せて八尾検車区(現・八尾車庫)を開設。

173

1981年3月16日(月)	ニュートラムの南港ポートタウン線中ふ頭―住之江公園間が開業。
1981年12月2日(水)	千日前線新深江―南巽間が開業。
1983年2月8日(火)	谷町線守口―大日間が開業。
1984年6月20日(水)	大阪市営地下鉄、ニュートラムの全駅改札内で禁煙タイムを実施。
1985年4月5日(金)	中央線深江橋―長田間が開業。
1986年6月25日(水)	市バスの車両冷暖房化100％を達成。
1986年10月1日(水)	近鉄東大阪線長田―生駒間が開業し、中央線との相互直通運転を開始。
1986年12月11日(木)	御堂筋線の駅にプラズマディスプレイ式の行先案内表示器を導入。
1987年3月16日(月)	御堂筋線なんば2番線を新ホームに移設し、変則的な相対式ホームとなる。
1987年4月21日(火)	御堂筋線で9両編成化を開始、8月24日(月)に完了。
1987年4月18日(土)	御堂筋線あびこ―なかもず間が延伸開業。併せて車両基地も我孫子検車場から中百舌鳥検車場に移転。
1988年3月1日(火)	磁気式プリペイドカード「タウンカード」の発売を開始(現在は終了)。
1989年1月1日(日・元日)	大阪市営地下鉄、ニュートラムの全駅改札内で終日禁煙化。
1989年11月5日(日)	御堂筋線梅田1番線を新ホームに移設。
1990年3月20日(火)	鶴見緑地線京橋―鶴見緑地間が開業。併せて鶴見検車場を開設。御堂筋線はダイヤを見直し。日中は千里中央―なかもず間、新大阪―天王寺間の交互運転に変更。
1990年4月1日(日)～9月30日(日)	大阪市鶴見区で国際花と緑の博覧会を開催。
1990年11月1日(木)	大阪市営地下鉄と市バスが1日乗り放題の「共通一日乗車券」の発売を開始。現在は「エンジョイエコカード」として発売が続いている。
1991年8月24日(土)	70系が鉄道友の会ローレル賞を受賞し、授賞式が執り行なわれる。
1991年10月20日(日)	南港ポートタウン線の一部列車で無人運転を開始。併せて100Aがデビューし、大阪市交通局の鉄道では初めて車椅子スペースが設置された。
1992年3月1日(金)	大阪市営地下鉄で車椅子スペースが設置された車両の運用を開始。
1992年8月1日(土)	大阪市営地下鉄で車内の自動放送に英語を追加。
1993年3月4日(木)	堺筋線動物園前―天下茶屋間が開業。
1993年10月5日(火)	17時30分頃、南港ポートタウン線住之江公園で、100系の無人運転列車が暴走し、車止めに衝突する事故が発生。乗客約200人が軽重傷を負った。これを受け、11月18日(木)まで全列車の運転をとりやめ。運転再開後、しばらくは乗務員が添乗した。
1995年7月1日(土)	大阪市の車両冷房化100％を達成。
1995年11月1日(水)	大阪市営地下鉄、ニュートラムの全駅構内で終日禁煙化。
1995年12月9日(土)	御堂筋線と北急で10両編成化を開始し、1996年9月1日(日)に完了。
1996年2月1日(木)	自動改札機に直接投入できるストアードフェアシステムの磁気式プリペイドカード「レインボーカード」の発売を開始(現在は終了)。
1996年3月20日(水・春分の日)	関西の私鉄、地下鉄でストアードフェアシステムが共通利用できる「スルッとKANSAI」がスタート(現在は終了)。
1996年4月30日(火)	鶴見緑地線でワンマン運転がスタート。
1996年12月11日(水)	鶴見緑地線改め、長堀鶴見緑地線京橋―心斎橋間が開業。
1997年8月29日(金)	長堀鶴見緑地線心斎橋―大正間、鶴見緑地線―門真南間が開業。
1997年10月10日(金・体育の日)	谷町線の関目(高殿)を「関目高殿」、四天王寺前(夕陽ケ丘)を「四天王寺前夕陽ケ丘」にそれぞれ改称。谷町線南森町2番線を新ホームに移設し、変則的な相対式ホームとなる。
1997年12月18日(木)	大阪港トランスポートシステム南港・港区連絡線のコスモスクエア―大阪港・中ふ頭間が開業し、中央線、南港ポートタウン線との相互直通運転を開始(新交通システムによる相互直通運転は日本初)。
2000年2月20日(日)	南港ポートタウン線の無人運転を再開。
2001年7月1日(日)	大阪市営地下鉄の車両冷房化100％を達成。
2002年11月11日(月)	御堂筋線に女性専用車両を導入。当初は平日初電から9時までだったが、2004年9月6日(月)から平日終日に変更。
2003年12月15日(月)	谷町線の平日初電から9時まで女性専用車両を導入。
2004年7月1日(木)	駅ナンバリングを導入。「11」から振ったのは、相互直通運転先も含め、各路線を延伸する場合でも、既設駅の番号の変更を行なわず対応ができるため。
2004年11月	市バスにニチリンケミカルの空気触媒セルフィールを導入。
2005年7月1日(金)	大阪港トランスポートシステム南港・港区連絡線のうち、鉄道事業法のコスモスクエア―大阪港・トレードセンター前間は、同社が第3種鉄道事業者、大阪市交通局が第2種鉄道事業者に。軌道法のトレードセンター前―中ふ頭間は大阪市交通局に譲渡。路線が中央線と南港ポートタウン線に一元化される。
2006年3月27日(月)	近鉄けいはんな線生駒―学研奈良登美ヶ丘間が開業。これに伴い東大阪線は「けいはんな線」に改称し、ワンマン運転を開始。中央線との相互直通運転区間も拡大される。
2006年12月24日(日)	今里筋線井高野―今里間でワンマン運転を初導入。併せてTASCを導入。鶴見検車場直結の鶴見北車庫を開設。長堀鶴見緑地線の大阪ドーム前千代崎を「ドーム前千代崎」に改称。
2011年10月13日(木)	大阪市営地下鉄、ニュートラムにも、ニチリンケミカルの空気触媒セルフィールを導入し、2年かけて抗菌、消臭、抗ウイルスを全車両に施行。
2013年2月14日(木)	千日前線阿波座駅のトイレがリニューアルオープン。以降、今里筋線を除く全線各駅でトイレのリニューアルを進める。
2013年3月23日(土)	交通系ICカードの全国相互利用サービスを開始(関西の鉄道の多くは、なぜか交通系ICカードで乗車券などが購入できない)。
2013年5月1日(水)	大阪市営地下鉄開業80周年記念の一環として、初代100形が5月24日(金)まで大阪市役所玄関前に展示。
2015年1月13日(火)	千日前線が全列車ワンマン運転化。
2015年9月4日(金)	御堂筋線新大阪駅のトイレが「日本トイレ大賞」の国土交通大臣賞を受賞。
2017年6月1日(木)	大阪市100％出資の準備会社として、大阪市高速電気軌道株式会社を設立。
2018年3月31日(土)	大阪市交通局最後の日。最終列車は御堂筋線の江坂始発をなかもず行きで、10系第13編成で有終の美を飾る。
2018年4月1日(日)	大阪市交通局が民営化。大阪市営地下鉄は大阪市高速電気軌道、市バスはその子会社の大阪シティバスに引き継がれる。
2019年4月1日(月)	大阪シティバスの運行委託によるBRT、いまざとライナーの運行を開始。
2019年6月1日(土)	6月中旬から御堂筋線の4号車、谷町線と四つ橋線の5号車、中央線の2号車、堺筋線の2・7号車に弱冷房(弱冷房車)の導入を発表。なお、阪急と近鉄の車両は導入済み。
2019年6月25日(火)	北急も4号車に弱冷車を導入。
2019年10月1日(火)	阪急電鉄は梅田を「大阪梅田」、河原町を「京都河原町」、石橋を「石橋阪大前」にそれぞれ改称。
2023年4月1日(土)	鉄道駅バリアフリー料金制度を導入し、運賃やエンジョイエコカードなどに加算する。
2024年3月23日(土)	北急南北線延伸線千里中央―箕面萱野間が開業予定。
2024年度末頃	中央線コスモスクエア―夢洲間が開業予定。
2025年4月13日(日)～10月13日(月・スポーツの日)	大阪市の夢洲で2025年日本国際博覧会が開催予定。

epilogue

　前著『東武鉄道大追跡』(アルファベータブックス刊)をお買い求めになられた方にとっては意外と思われるだろうが、私が好きな路線は御堂筋線である。銀座線と同様、昭和初期の地下鉄とあって、風情と薫りがある。

　特に御堂筋線は"規格外"で、梅田など天井が高いホームはどの地下鉄よりも絵になる光景だ。また、第3軌条では異例の淀川を渡る大アーチの鉄橋も優雅で、その両脇を国道423号線新御堂筋が太刀持ちと露払いのような感じで配置している。東京で鉄道とクルマが共存する"合理的な交通網"は、レインボーブリッジだけかな。

　本編で述べたとおり、御堂筋線や北急線の地上区間では、国道423号線新御堂筋と延々並行しているので高速道路かと思いきや、一般道路なのが面白い。また、東京一大阪間などの高速バスにとっては重要なルートなので、車窓から列車を眺めるのも楽しい。

　御堂筋線最大の魅力は、ここでしか乗れない10系だ。詳細は2代目20系も含め拙著『波瀾万丈の車両』(アルファベータブックス刊)を御参照いただくとして、第3軌条路線では30系や新20系といった共通設計車を投入するなか、専用車は異例なのだ。それだけ御堂筋線は"特別"であることがうかがえる。

　さて、昭和の時代、当時の大阪市営地下鉄は自動改札機、車内の自動放送、車両冷房、具体的な行先案内表示器があり、先進的な印象があった。東京の営団地下鉄(注：私が都営地下鉄に初めて乗ったのは1995年)が追随したのは、昭和の末期から平成初期にかけてである。

　平成に入ると、100A系は当初から、新20系や66系の増備途中で各車両に車椅子スペースを導入し、身障者に使いやすい環境を創出。関東地方では2015年に登場したJR東日本E235系の「フリースペース」と称する車椅子＆ベビーカースペースを各車両に導入することを報道番組では"画期的"なニュアンスで報じていたが、私にとっては、"「なにをいまさら」という名の遅過ぎ"の感があった。

　21世紀に入ってからは車内に「抗菌、消臭、抗ウイルス」を施し、先進的は健在だった。先述した通り、消臭を除く抗菌、抗ウイルスが全国的に普及したのはCOVID－19(新型コロナウイルス)が世界中に蔓延した2020年である。

　ただ、関西は交通系ICカードの普及が関東よりも遅れていた感は否めない。現に交通系ICカードできっぷが買えない、10円単位のチャージができない(京阪電気鉄道はなぜか10〜990円に限定)、1円単位の運賃がないという難点もある。インバウンドの復活などを考慮すると、全国共通仕様が望ましい。これからの社会、西高東低やその逆ではなく、"どなたでも使いやすい、わかりやすい体制の構築"が求められる。

　今回の拙著では大阪市高速電気軌道ならびに、阪急電鉄、近畿日本鉄道、東海旅客鉄道、箕面市、北大阪急行電鉄、石本隆一氏などの御協力をいただきました。あらためて厚く御礼申し上げます。

2023年10月吉日　岸田法眼

参考文献

●書籍
『大阪の地下鉄』(石本隆一著／産調出版刊)、『日本の私鉄18 大阪市営地下鉄』(赤松義夫・諸河 久著／保育社刊)、『私鉄の車両16 大阪市交通局』(飯島 巌・吉谷和典・鹿島雅美・諸河 久著／保育社刊)、『大阪地下鉄の歩み』(岩村 潔著、今岡鶴吉監修／市政新聞社刊)、『日本の私鉄3 阪急』(高橋正雄・諸河 久著／保育社刊)、『私鉄の車両5 阪急電鉄』(飯島 巌・高田 寛・諸河 久著／保育社刊)、『交通ブックス118 電車のはなし－誕生から最新技術まで－』(宮田道一・守屋之男著／成山堂書店刊)、『図解 鉄道のしくみと走らせ方』(昭和鉄道高等学校編／かんき出版刊)、『史上最強カラー図解 プロが教える電車の運転としくみ』(谷藤克也監修／ナツメ社刊)、『鉄道もの知り情報大百科』(南 正時著／勁文社刊)、『素敵します 新装開店 いっつみぃさん』(逸見政孝著／講談社刊)、『新版 逸見政孝 魔法のまじめがね ブラウン管は思いやり発信局』(逸見政孝著／文藝春秋刊)

●雑誌等
『大阪市交通局五十年史』・『大阪市交通局七十五年史』・『大阪市交通局百年史』・『大阪市地下鉄建設五十年史』・『ノッテオリテ』各号 (大阪市交通局刊)、『OSAKA TRAFFIC LOG』各号 (交通サービス刊)、『大阪人』2012年1月号 (大阪市都市工学情報センター刊)、『北大阪急行 25年史』・『北大阪急行 50年史』(北大阪急行電鉄刊)、『近畿日本鉄道 技術研究所技報』各号・『近鉄時刻表』2022年12月17日ダイヤ変更号 (近畿日本鉄道刊)、『KSK技報』第39号 (汽車製造刊)、『車両技術』1980年7月号 (日本鉄道車輌工業会刊)、『人と車』1982年11月号 (全日本交通安全協会刊)、『SUBWAY』1985年5月号 (日本地下鉄協会刊)、『JREA』2022年11月号 (日本鉄道技術協会刊)、『数字でみる鉄道』各巻 (運輸政策研究機構刊)、『鉄道ジャーナル』各号 (鉄道ジャーナル社刊)、『鉄道ダイヤ情報』各号 (交通新聞社刊)、『鉄道ピクトリアル』各号 (電気車研究会刊)、『鉄道ファン』各号 (交友社刊)、『日本の鉄道 全路線』各巻・『年鑑日本の鉄道』各巻 (鉄道ジャーナル社刊)、『ビジュアルガイド 首都圏の地下鉄』2012年版 (イカロス出版刊)、『駅名事典』第6版 (中央書院刊)、『関西交通経済研究センター』No.56 (関西交通経済研究センター刊)、『金融財政』1977年5月23日号 (時事通信社刊)、『航空管制五十年史』(航空交通管制協会刊)、『航空振興』No.11 (航空振興財団刊)、『新空港レビュー』各号 (大阪科学技術センター刊)、『広辞苑』第四版 (岩波書店刊)、『日経地域情報』1992年5月4日号 (日経産業消費研究所刊)、『日本火災学会誌 火災』通巻171号 (日本火災学会刊)、『日本地名大事典』各巻 (朝倉書店刊)、『鉄道まるわかり』各巻 (天夢人刊)

●その他
新聞各紙、各省庁・自治体・研究機関・企業ウェブサイトほか

編集
北村 光 (「旅と鉄道」編集部)

デザイン
竹内真太郎・納屋 楓・塩川丈思
(スパロウ)

校正協力
大阪市高速電気軌道

制作協力
大阪市高速電気軌道、阪急電鉄、近畿日本鉄道、東海旅客鉄道、箕面市、北大阪急行電鉄、朝日新聞出版、小学館、BuzzFeed Japan、石本隆一

大阪の地下鉄大研究

2023年10月11日 初版第1刷発行

著 者 岸田法眼
発行人 藤岡 功
発 行 株式会社天夢人
〒101-0051 東京都千代田区神田神保町1-105
https://www.temjin-g.co.jp/
発 売 株式会社山と溪谷社
〒101-0051 東京都千代田区神田神保町1-105
印刷・製本 大日本印刷株式会社

◉内容に関するお問合せ先
「旅と鉄道」編集部 info@temjin-g.co.jp 電話03-6837-4680

◉書店・取次様からのご注文先
山と溪谷社受注センター 電話048-458-3455 FAX048-421-0513

◉乱丁・落丁に関するお問合せ先
山と溪谷社カスタマーセンター service@yamakei.co.jp

◉書店・取次様からのご注文以外のお問合せ先
eigyo@yamakei.co.jp

・定価はカバーに表示してあります。
・本書の一部または全部を無断で複写・転載することは、著作権者および発行所の権利の侵害となります。